在美的面前惊讶、流连、赞叹……

曹文轩

Great Treasures of Chinese Culture
美丽中国

Chinese Characters

美丽汉字

走进美丽中国　欣赏美丽汉字

徐刚／编著
李锤／插画

北京大学出版社
PEKING UNIVERSITY PRESS

目录 Contents

第1章 文字的产生

甲骨文中的“男”字

第2章 神奇的甲骨文世界

金文的“为”字

第3章 最美丽的汉字——商周金文

春秋战国时期鸟虫体的“王”字

篆书的“马”字

美丽汉字 第1章

文字的产生

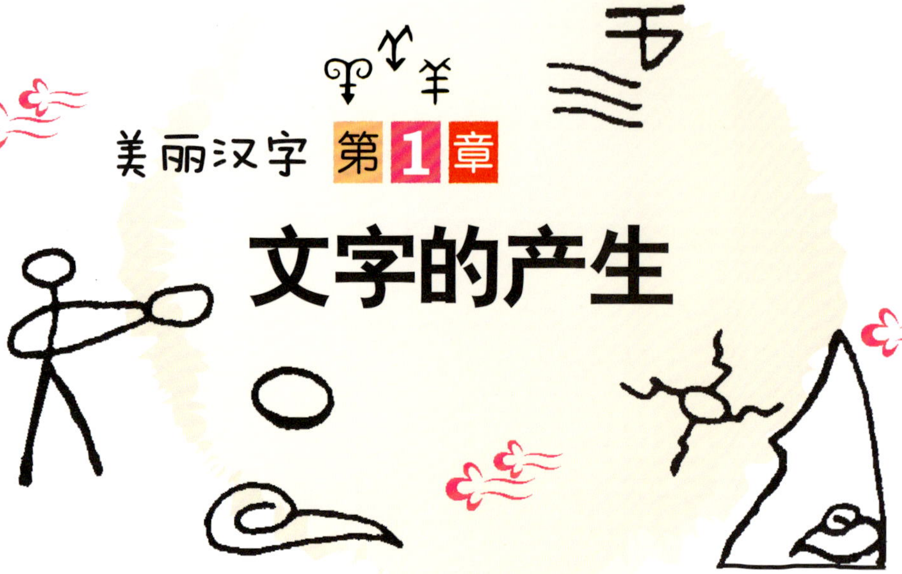

第1节 人类的伟大发明

我们人类有过很多伟大的发明，不断地推动文明进步。少年朋友们，这样的发明，你知道哪些呢？造纸术？指南针？电话？录音机？飞机？……对了，所有这些，都是非常了不起的发明，大大加快了人类前进的脚步。不过，还有两样发明，比起上面所有这些发明来更伟大；可是，也许是因为我们每天都会用到它，反而容易忽视。我说的这两样发明，一是语言，也就是我们平常说的话；二是文字，也就是把我们要说的话记录下来的一个个符号。

也许有的朋友会怀疑，我们平常说的话和写的字，有那么伟大吗？

我们人类文明的所有进步，都是在前人已经积累的智慧和力量的基础上取得的。大家都记得伟大的科学家牛顿的话吧：“如果说我取得了什么成就的话，那是由于我站在巨人们的肩膀上。”这位伟人告诉我们，要取得新的成就，必须要充分吸收前人的经验。可是，大家想一想，假如我们不能说话，那么，怎样沟通呢？怎样把自己的想法和智慧贡献出来呢？

光有语言还是不够。我们知道，在发明录音机以前，要交流思想和感情，只有面对面地说话才可以。但是如果要跟很远的地方的人说话，或者，想要把自己的想法告诉将来的人，该怎么办呢？这就需要文字。因此，如果没有文字，人类已经取得的思想和智慧就难以传承下去，知识的积累就非常困难。所以文字也是人类文明进步的不可或缺的发明。

你知道吗？人类的历史已经有几百万年了，而语言的历史可能只有几十万年，文字的历史就更短了，只有几千年。可是，人类在有文字的短短几千年中所创造的知识和财富，远远超过了之前几百万年中所创造的知识和财富。可见，文字是多么伟大的一项发明呀。

因此，现在世界上的很多学者，都把文字的产生，看作是一个民族从野蛮时代进入文明时代的标志。

殷周青铜器上的族徽

第2节 文字的产生

文字是记录语言的符号。语言是用耳朵听的符号，而文字是用眼睛看的符号。文字是从远古时代用来记事的图画慢慢发展演变而来的。

记事的图画跟普通的绘画不同。普通的绘画主要是为了欣赏，要描绘自然界或人类的各种事物，要求画得“像”，画得好看，有美感，甚至有思想。但是记事的图画只是为了帮助记忆，看到它就能让人想起什么事情，所以不需要画得多么漂亮逼真，只要能提供记忆的线索就可以了。比如说右上这幅记事的图画，你试试看，能不能看懂它的意思呢？

这是考古学家们在今天加拿大东南部的苏必利尔湖附近的山崖上发现的古代印第安人画的一幅记事画，画的是某位印第安酋长的一次远征。参加远征的有五只独木舟，每只船上的竖线表示的是船上的士兵的数量，第一只船上有16人，第二只有9人，第三只有10人，第四和第五只都是8人。第一只船上有船队的统帅，上面画的一只翠鸟就是他的象征。骑在马上的人是帮助远征的魔法师，他前面的鹰，是勇气的象征，后面的乌龟，象征船队平稳靠岸。最下面的两种奇怪的动物，是魔法师用咒语召唤出来帮助自己的神物。

画这幅画的时候有个难题：这次远征一共延续了三天，这一点怎么记录呢？朋友们，你有什么办法吗？这幅画的作者很巧妙地用天空下的三个太阳来表示。

我们看到，这幅画并没有想要用壮观的场面来表现这次远征，它的目的，只是要记录曾经有过这样一个事件，免得忘记。因此，图画的重点并不在于图形的美或真，而在于怎么把事情记录下来。

朋友们，你们可能已经注意到了，这样的记事图画，大概只有知道这次远征事件的人才能看明白，如果其他不知道这件事的人，到了这个山崖上，看到了这幅画，很可能看不懂它的意思。所以，要明白这种记事画究竟画了些什么，就必须让知道事件的人给我们讲解。所以，这种图画是有很大缺陷的。

怎么弥补这种缺陷呢？我们的祖先想出来一个办法：就是不再随便画单个的小图形，而是把每一个小图形，跟语言中的词语对应起来，一个词语用一个固定的小图形表示，那么，我们就可以把不同的小图形组合起来，来表示各种不同的意义。我们把这样组合成的图画，叫做文字画。

比如下面这幅画，是我国云南丽江的纳西族流传下来的一幅文字画：

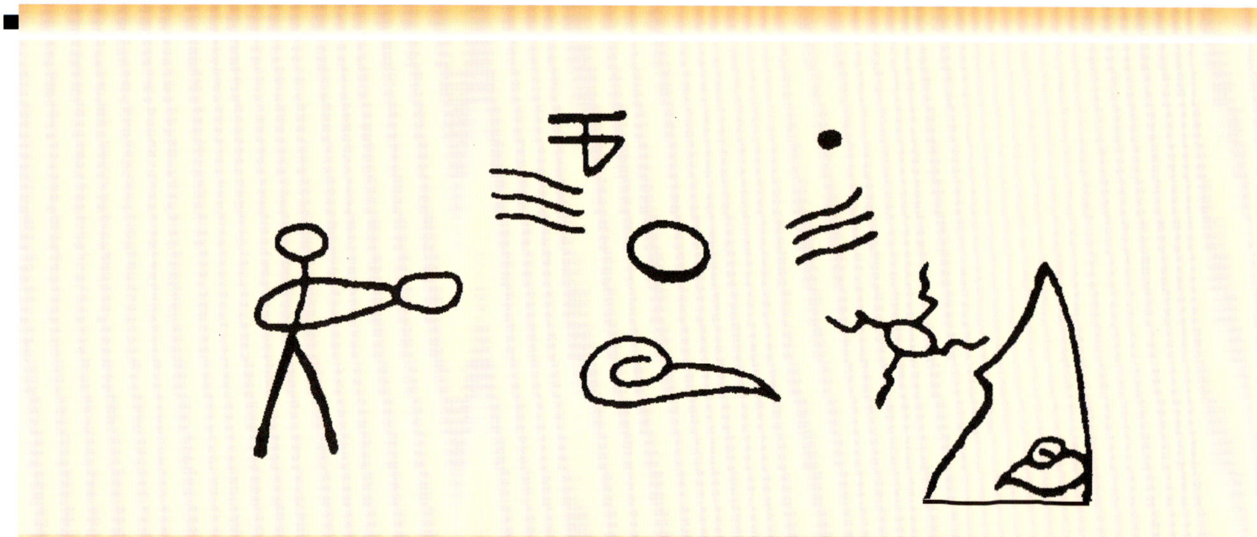

▲ 纳西象形文字画

这幅画中几乎每个符号都表示一个词语，表示拿蛋，表示“白色”，表示“黑色”，表示“风”，表示“蛋”，表示“湖”，表示“山崖”，表示“蛋破裂发光”。

现在，你明白这幅画的意思了吗？至少能猜到一些了吧？根据纳西族的巫师的解释，这幅文字画的意思是：把这个蛋抛在湖里面，左边吹白风，右边吹黑风，风荡漾着湖水，湖水荡漾着蛋，蛋撞在山崖上，便生出一个光华灿烂的东西来。

可见，从记事画到文字画，是文字产生的一次巨大进步，因为构成文字画的各个组成部分，已经跟语言中的词对应起来。纳西族的文字画，比起记事画来好懂多了，只要明白其中的每个符号表示的是哪个词，对于图画表示的意义，就可以知道个大概了。

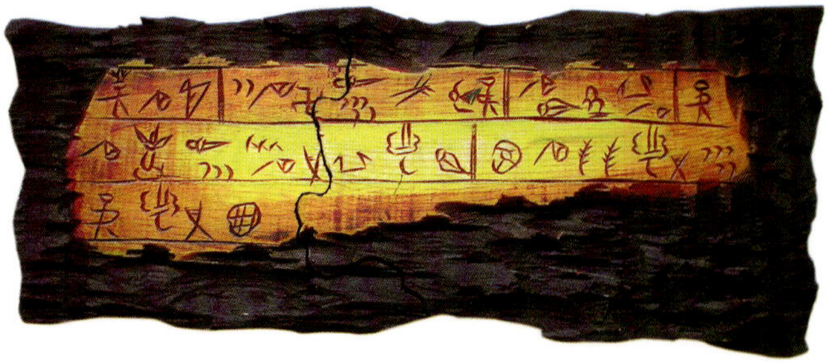

▲ 纳西族文字

但是，要想准确地理解图画的意义，还是有困难。纳西族的这种文字画，还需要纳西族专门的巫师来解释，否则很难知道这幅画记载的是纳西族的“创世纪”。而且，文字画的最大困难是有些词是很难画出来的，比如说“左边”和“右边”，比如说“吹”“荡漾”“撞”这些动词，等等。因此，这种文字画也还是不能完全摆脱记事画的局限性。我们可以把纳西族的这种文字画的符号，称做原始文字。

那么，怎样才能做到不需要专门的人解释，只要知道了每个符号表示的词语，就能够完全理解它们代表的意义呢？读者朋友，你能不能动动脑筋，想想有什么好办法吗？

最好的办法，可能就是给语言中的每个词都造一个字，然后按照语言的语序，也就是我们平时说话时所用的词语的顺序，把词语一个一个地书写出来，让文字的书写顺序和说话的词语顺序一一对应起来。那么，看到这样书写的文字，就跟听别人说话一样，当然就能明白对方的意思了。

比如说，今天你去了电影院，看了《猫和老鼠》这部电影。回家后正好奶奶给你发来一封电子邮件，问你，今天在电影院看的是哪部电影？你怎么告诉外婆呢？当然最好的办法就是写上“猫和老鼠”四个字发给奶奶，奶奶一看就明白了。如果你画了一只猫和一只老鼠，那么奶奶可能会想，电影的名字是“老鼠和猫”呢，还是“猫捉老鼠”？或者是“猫吃老鼠”？总之，奶奶可能会误会。

当一种文字的书写顺序，跟说话的词语的顺序基本上一一对应的时候，就是一种成熟的文字了。

第3节 汉字起源的传说

世界上有很多民族，但是独立创造了自己文字的民族其实并不多，很多民族都是借用了别的民族的文字，或者是把别的民族的文字改造成自己的文字。汉字是我们中国人的祖先自己创造的文字，所以是我们中国人的一项伟大的发明。

那么汉字是谁发明的，又是怎么发明的呢？我们的古人有很多不同的传说。其中有三种传说最有影响。

一种说，汉字起源于八卦。八卦是指由⚊和⚋两种符号组成的八个占卜用的卦象，分别是乾☰、坤☷、震☳、巽☴、坎☵、离☲、艮☶、兑☱。这些符号传说是远古时代有一位叫做伏羲的伟大帝王创造的，可以用来象征世界上的所有事物。有些人认为，汉字就是通过改变这八个符号的形状而创造的。比如说其中的“坎”和“离”，分别表示“水”和“火”两种事物，大家看看下面这幅图，如果把“坎”和“离”这两卦竖起来看，是不是跟“水”和“火”这两个字的小篆（小篆是两千多年前的一种汉字，我们后面还会详细介绍）的写法有点像？

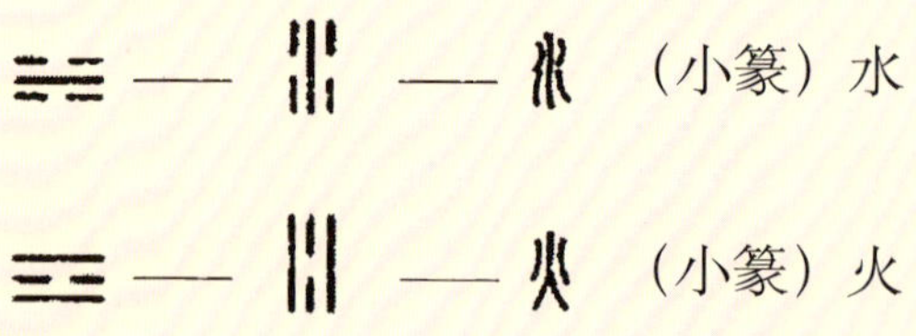

不过，虽然“水”和“火”这两个字跟“坎”和“离”两个卦象比较相似，但是别的汉字那么多，要是都从八卦中变出来，显然是很困难的，所以汉字起源于八卦的传说，只是古代人的一种想象，表达了他们对汉字的喜爱和崇拜，认为只有伏羲这样的伟人才能创造出汉字。

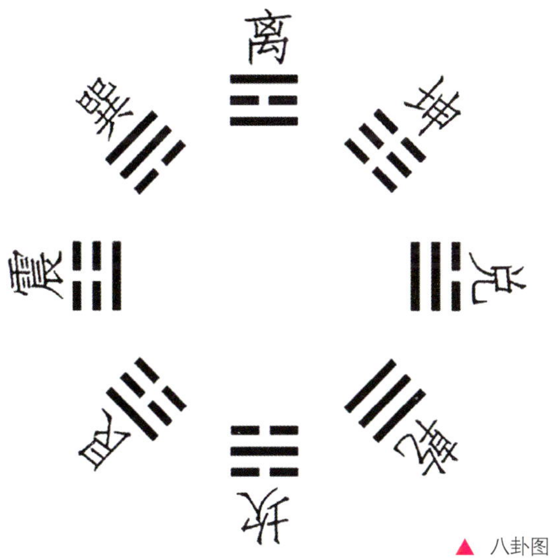

▲ 八卦图

第二种传说是汉字起源于神农用结绳的方法来记事。我们中国人常自称是炎黄子孙，神农就是炎帝。结绳记事的传说，也是很早就有了。例如古书《周易》中有一篇叫做《系辞》，里面就说，远古时代的帝王都是靠结绳来记事，传达信息，从而治理人民。战国时候的哲学家庄子，也提到过古代有结绳而治的时代。结绳记事的现象，在近现代的某些少数民族中还的确发现过，一般是用一根绳子，碰到大事就扎一个大结，小事就扎一个小结。

西藏的僜人，他们请客赴宴的时候，向亲友送绳，在绳上打结，有几个结，就表示宴会在几天后举行。除了中国，古代日本、南美洲、北美洲、欧洲都曾经用过这种记事方法。

古代欧洲的历史学家希罗多德，在他的伟大著作《历史》中记载了一个故事。波斯王大流士计划进攻一个叫斯基提亚的国家，要经过依斯特河，他命令在河上造了一座桥，过桥后，把他的腰带解下来，系上六十个结，交给守卫这座桥的人，对他们说：“从我出征斯基提亚的这天起，你们每天解开这上面的一个结，如果全部的结解开之后，我还没有回来，你们就乘船回国好了。但是在全部结解开之前，你们要守卫这座桥，尽全力维护它。”这个故事很有“结绳而治”的意味。

▼ 结绳记事

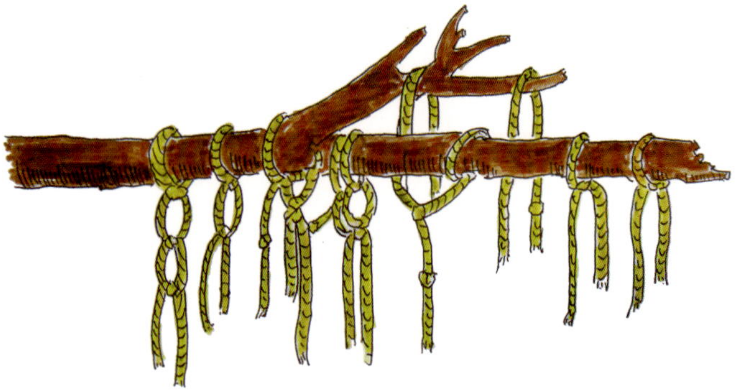

比较典型的是古代秘鲁的印加人，在一根横木上系上一圈一圈的绳，在这些绳上再系上一些下垂的绳子。绳子涂成各种颜色。遗憾的是，这些所结的绳具体表示什么意思，今天已经不知道了。说到这里，我们可能已经明白，结绳记事是为了帮助记忆，这一点跟文字的作用是一样的，但结绳本身跟文字却没有什么关系。

第三种传说是仓颉造字。仓颉是黄帝的史官，史官是当时最有知识的人。由黄帝的史官创造文字，比起起源于八卦或者结绳记事，显然要合理多了，也更容易让人接受。汉代的《淮南子》中说：“昔者仓颉作书而天雨粟，鬼夜哭”，就是说，过去仓颉创造文字的时候，天上下小米，夜里鬼号哭，表示仓颉发明汉字，是“惊天地，泣鬼神”的壮举。

▶ 仓颉画像

仓颉作书，看起来像是他一个人的功劳，但有意思的是，战国时代的思想家荀子曾经说：“好书者众矣，而仓颉独传者，壹也。”这是说，喜欢研究文字的人可多了，可是只有仓颉的名字流传下来了，这是他用心专一的缘故。这话很有道理。我们今天认为，汉字不是某一位英雄创造的，而是古代的人民群众在长期的生活中慢慢形成的。

从今天的考古发现来看，我们可以肯定：大约在夏朝末期、商朝初期，汉字已经进入最后成熟的阶段，汉字的历史，至今大约有四千年左右。而我们今天能看到的最早的成熟的汉字，是商代后期的甲骨文，距今大约有三千三百年的历史。

美丽汉字 第2章

神奇的甲骨文世界

第1节 甲骨文的发现

在今天河南省的安阳市，有一条著名的河流流过，这条河叫做洹水，洹水南岸有个小屯村，三千多年前，是古代商王朝的首都所在地，当时叫做殷。由于小屯村是古代殷都的遗迹，所以又叫殷墟，墟就是遗迹的意思。清朝末年，这里的农民在耕地的时候，经常会挖出来一些乌龟的甲壳和牛的肩胛骨，上面还刻着一些古老的文字，这就是甲骨文。但是农民们开始不知道是什么东西，大多被当做垃圾扔掉了，也有些人搜集了一些，当做中医的“药引子”卖，美其名曰“龙骨”。

北京有一位著名的学者，叫王懿荣（1845—1900），对于古文字很有研究。1899

年，他得了疟疾，让仆人去北京一个叫做达仁堂的中药店买药。王懿荣打开买来的中药，发现里面的“龙骨”上有一些刀刻的图形，很像是文字，他非常惊讶。他想，上面刻的可能是一种非常古老的文字。从此，他开始搜集甲骨文。所以，王懿荣是第一个认识到甲骨文价值的学者。从此，人们才知道了这种古老的文字。

▲ 商代晚期甲骨

可惜的是，1900年，八国联军攻入北京，王懿荣当时负责北京的防守，失败之后，自杀殉国，所以他没有时间研究甲骨文。后来，经过孙诒让、罗振玉、王国维、董作宾、郭沫若等很多学者的努力，甲骨文的奥秘终于被慢慢揭开了。朋友们，你们如果有兴趣学习，相信用不了多久，也可以阅读甲骨文了。不信？你先看看下面的甲骨文，试试看，能不能认出它们是什么字？

对了，a组的4个字，都跟动物有关。第一个是马，第二个是鱼，第三个是鹿，第四个是牛。这些字，是不是都很像图画？

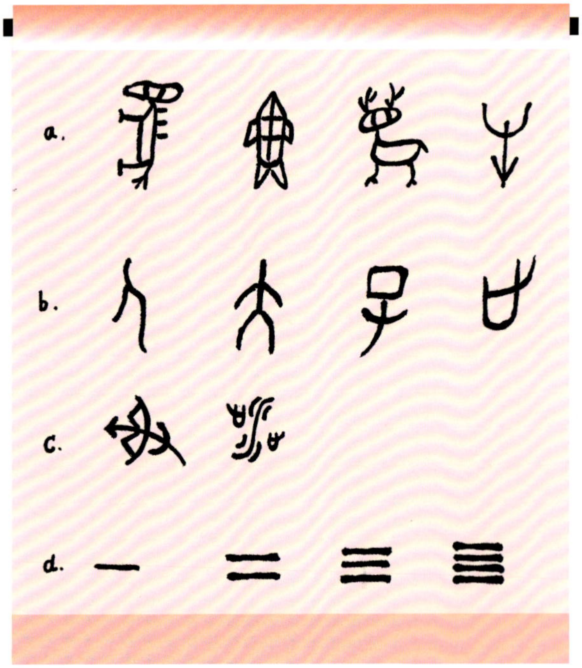

b组的4个字，都跟人有关。第一个像一个人的侧面，它就是甲骨文的“人”字。第二个也像一个人，不过它像一个正立的成年人，它是“大”字。第三个字是一个婴孩的形象，我们知道，婴孩的特点是脑袋大，身体和四肢都很小，这个字就突出大脑袋，它是“子”字。最后一个字，画的是人的脚板，还带着脚趾，它是“止”字，在甲骨文中就是指脚。

c组的两个字，都是动词。第一个字像一只手拉开弓，弓上已经安上了箭，正要发射的样子，所以它就是“射”字。第二个字上下是两只脚，中间是水，水在古代表示河流，所以这个字表示一个人的脚渡过了河流，它是“跋山涉水”的“涉”字。

d组是四个数字，分别是一、二、三、四。

怎么样，你猜对了几个？

当然了，不是所有的甲骨文都是这么好认的，如果你有兴趣，可以看看右面这片甲骨文，下面是用现代汉字做的“翻译”，看看你能认识多少呢？

▲ 祭祀涂朱牛骨刻辞

（左栏）癸卯卜，爭貞：旬亡憂。甲辰……大骤风。之夕香（向）乙巳……幸□五人。五月，才……

（中栏）癸丑卜，爭貞：旬亡憂。王占曰：有咎有痡。甲寅，允有來艱，左告曰：“有往芻自[illegible]十人有二。

癸丑卜，爭貞：旬亡憂。三日乙卯，□有艱，單邑登[illegible]于录……丁巳，貍子登[illegible]……鬼亦得疾。

大家现在一定还很难读懂吧？不过没关系，只要你有兴趣，就好好读书，几年以后，就可以到我们北京大学中文系来学习，那时候就能明白上面到底说了些什么。我在这里等你！

第2节 甲骨文是一种占卜的记录

大家看了上面的甲骨文，很容易发现文字的笔画都比较细，这是因为甲骨文是用刻刀刻上去的。那么，商代的人，为什么要在龟甲和牛骨上刻字呢？

远古的时候，人们都相信，我们人是和神灵一起居住在这个世界上的。天上有上帝，山林河湖中也到处都是神仙和精灵。神灵们当然比我们人类聪明、有能力，他们知道很多我们人类不知道的事情，尤其是他们能知道将来的事情。所以，人类如果想要知道某件事情是不是吉利，就可以想办法问神灵。

跟神灵交流的最方便的方法，就是占卜。古代世界占卜的习俗，可谓源远流长。在商代，占卜也非常发达，甲骨文基本上就是商代后期（公元前14世纪—前11世纪）的国王和他的家族的占卜记录。当时用乌龟甲和兽骨（主要是牛的肩胛骨）占卜，占卜之后，把占卜的内容用刻刀刻在龟甲或兽骨上，作为档案保存，也可能是想看看后来有没有应验。

那么，怎么占卜呢？也就是怎么问神灵是否吉利呢？商代人有一套办法：先在龟甲或牛骨的背面用凿子凿出一些枣核形的小坑，在旁边用钻子钻出一些圆形的小坑。钻凿过的地方比较薄，占卜时，在这些小坑上加热，就容易形成一些裂缝，叫做“兆”。兆的形状就是神灵在告诉我们是否吉利，所以，人要学会观察兆纹。看懂了兆纹，也就知道了吉凶。

有一本古代的书上记载，商代的人特别相信鬼神（《礼记》上说，“殷人好鬼”）。从甲骨文的内容看，一点儿也不夸张。他们占卜的内容涉及社会生活的各个方面，比如要不要祭祀祖先，什么时候祭祀神灵，会不会发生战争，军队有没有灾祸，天会不会下雨，粮食有没有收成，还有生男孩还是女孩，牙疼，耳鸣，做梦，十天之内会不会有灾祸，等等，内容非常丰富。因此，我们可以通过甲骨文，来研究商代的历史与文化。

第3节 甲骨文的特点

出土发现的甲骨文，已经是非常成熟的文字了。甲骨文已经有四千个以上的文字，意义涉及社会生活的各个方面，可以完整地记录当时的语言。即使是我们现代，比较常用的汉字也就三四千，掌握四千个汉字，就完全可以满足日常生活的需求了。

甲骨文的文字，大多跟图画相似，也就是描画现实中的事物的形状。所以，很多文字，我们可以根据字形，猜出它们的意思来。比如上面列举过的人、马、鹿、射、一、二、三、四等。这样的文字，叫做象形文字。甲骨文的象形程度非常高。

▲ 殷墟出土的玉凤

比如凤凰的“凤”字，甲骨文写作，大家可以对比一下上面这张图，这是殷墟出土的玉器，是商代人心目中的凤凰，你们看，是不是跟文字非常像？

另外，甲骨文中，文字字形的方向常常不固定。很多字可以朝左也可以朝右，可以正写也可以倒写。例如人字可以写作或；九字可以写作或；侯字可以写作或或；男字可以写作或或。不过，也有的时候，不同的方向会代表不同的字，例如是左，像左手，是右，像右手；是不，是生。

第4节 西周甲骨文

甲骨文是清代末年（1899）发现的。有很长一段时间，大家以为只有商代有甲骨文。直到20世纪70年代，陆续在陕西、山西、北京等地发现了三百多片西周时代（约公元前11—前8世纪）的甲骨文，人们才认识到，原来西周也有甲骨文。

不过，现在发现的西周甲骨文，跟商代甲骨文比起来数量很少（商代甲骨文在十万片以上），而且集中在西周的初期。西周甲骨文虽然有一些自己的特点，但是总体上跟商代甲骨文相似，只是书法不如商代甲骨文美观。大家可以看看下面的这片西周甲骨，把它与前面的商代甲骨比较一下，就可以明白了。

西周甲骨

这段甲骨文的意思是说："向神灵占问：王向他的祖先太甲祈祷，要册命周方伯，用黍稷做祭品。这个决定是对的吧？不会妨碍受到神灵的保佑吧？"

美丽汉字 第3章

最美丽的汉字——商周金文

第1节 毛笔和简帛

大家知道，中国的古人是用毛笔写字的。那么，毛笔是什么时候发明的呢？根据甲骨文，我们就可以知道，商代已经用毛笔写字了。甲骨文中已经有“笔”这个字，写作“”，正像一个人手拿着毛笔在写字的样子。

还有，大家一定知道中国古代有四大发明吧？对了，是造纸术、印刷术、指南针和火药。那么，你猜猜看，在纸出现之前，我们的古人是把字写在什么地方呢？

其实很多东西上面都是可以写字的，比如丝织品做的布帛，竹子削成的竹简，还有玉器上，石头上，陶器上等。不过，最常用的还是竹简和布帛，所以，古代经常用“简帛”来代指书本。甲骨文中表示书本的“册”字，写作“”，就像编联起来的竹简。

西周散氏盘

说到商代的文字，大家首先会想到甲骨文。但实际上，商代的文字，最多的还是写在简帛上的文字。可惜的是，竹简和布帛很容易腐烂，经过了几千年的历史，我们今天已经见不到商代的简帛古书了。而甲骨文是刻在龟甲和牛骨上的，不容易腐烂，所以我们今天还能看到。

幸运的是，商朝和周朝的人都有一种习惯，他们经常把一些重要的事情铸刻在那些祭祀祖先的青铜器上。这些青铜器上的文字，我们一般把它们叫做“金文”，这是因为古代常常把铜称为金。青铜器不容易坏，所以我们今天能看到很多商朝和周朝的金文，这是非常珍贵的文字资料。

金文大都是铸在青铜器上的，它的笔画比较粗，跟毛笔写的字非常接近，可以看作当时真正通行的字体。而甲骨文则是占卜时用刀刻在龟甲和牛骨上的文字，是一种在特殊场合使用的字体。用刀在骨头上刻字，是很不容易的事情，刻字的人就想把字写得简单一点。所以，甲骨文实际上是金文的一种“简化字”。大家通过下面的这个表格，大致可以看出来：

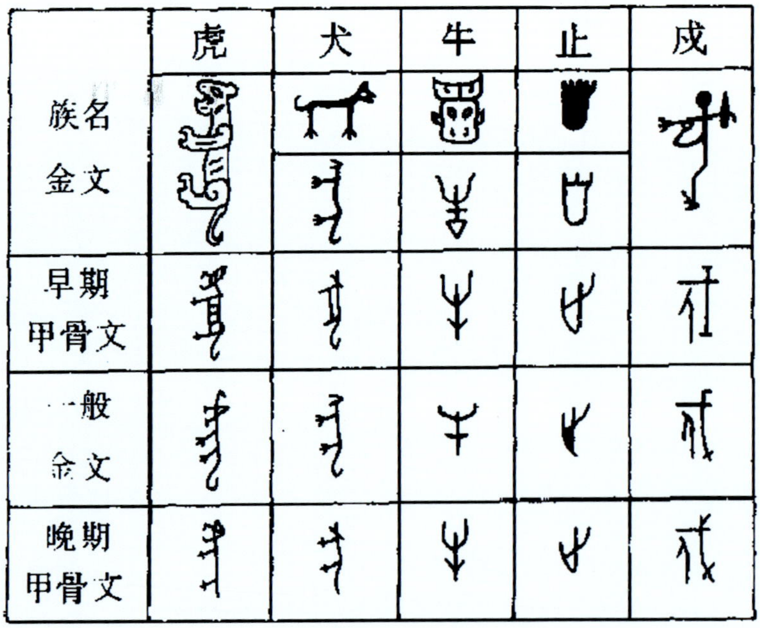

第2节 商代金文

从商代中期开始，青铜器上出现铭文。开始时很短，一般只有几个字，内容大多是记录家族名字的族名，或被祭祀的祖先的名字。商代后期开始较长，但也不超过五十个字。商代的金文，象形的程度比甲骨文还要高，字迹非常漂亮。例如著名的“四祀邲其卣”（“祀”是“年”的意思，四祀，指商纣王即位的第四年。“卣”是用来盛酒的青铜器，“邲其”是这个青铜器的主人）：

◀ 商代四祀邲其卣铭文

▲ 商代青铜器上的铭文

乙巳，王曰：“尊文武帝乙宜。”

在召大厅，遘乙翼日。丙午，𩐁，

丁未，煮（？），己酉，王在梌，邲其易贝。

在四月，隹王四祀翼日。

这是商朝的最后一个王，也就是臭名昭著的纣王时候的青铜器。铭文的意思是说：

乙巳那一天，纣王说：“让我们向我的父亲文武帝乙进献佳肴祭品吧！”于是在召的大厅对帝乙进行翼这种祭祀。丙午和丁未也都进行了某种祭祀。己酉那天，王在梌这个地方，邲其被赏赐了贝。这件事发生在四月，是纣王在位的第四年，正值对祖先进行翼祭的日子。

第3节 西周金文

西周的文字，继承了商代的特点，西周的金文也是商代金文的延续。西周是金文的全盛时代，书法更加雄伟。刚刚进入西周，就出现了记事简洁完整、字体遒劲有力的铭文，似乎充满了力量，显示出开国时候的雄伟气魄。利簋就是典型的代表（“簋”是用来盛饭的青铜器，“利”是这个青铜器的主人）。

武王征商，隹甲子朝，岁鼎，克，闻（昏）夙有商。辛未，王在阑师，易右史利金，用作旜（zhān）公宝尊彝。

铭文的意思是说：

周武王伐商，在甲子那天的早晨。那时候，岁星正在周人的一方，有利于讨伐商纣王，所以战胜了商，战斗从黄昏持续到早晨，最终占领了商。辛未那一天，武王在驻扎在阑这个地方的军中，赏赐右史利铜，右史利因此作了祭祀祖先旜公的珍贵的青铜器。

▲ 利篡铭文

▶ 利簋

这篇金文记录了西周初年周武王伐纣的历史事件（约公元前11世纪），非常珍贵。开头的“武王”，合写为一个字，这个字后来成为“武王”的专用字。西周人也为武王的父亲文王专门造了一个“玟”字。

这篇铭文有30多个字，不算长。稍后，就出现了长篇铭文，而且青铜器的制作非常精美，花纹也非常复杂。西周时期的铜器上，百字以上的铭文常见，二三百字的也很多。其中最著名的如大盂鼎，有291字；小盂鼎有400字左右，可惜字迹残损得非常厉害；散氏盘有350字；而最长的是毛公鼎，现藏台湾的故宫博物院，有498字。

西周晚期毛公鼎及其铭文

这些青铜器上的铭文，记载了西周时期的历史故事，内容非常珍贵，而且文字写得非常优美，是我们古代汉字书法的代表作品。西周金文中有很多这样的作品，所以我把西周金文称做最美的汉字。

大家已经看了利簋的铭文，再看看下面的这个大盂鼎的铭文，可能就会同意我的说法了。

▲ 大盂鼎及其铭文

这个鼎是清代在陕西出土的，后来有一位叫做潘祖荫的收藏家买到了。因为它太有名了，所以抗日战争的时候，日本人也想得到它，潘家把它埋在地下藏起来，解放后，把它献给了政府，现藏中国国家博物馆。所以，这个鼎，也是跟我们近现代中国的命运紧密相连的宝贝。这篇金文记载了周康王任命他的大臣盂作为一名军事统帅的经过。满篇象形文字千姿百态、生动流畅。跟它一起出土的，还有一个小一点的鼎，所以叫做小盂鼎，铭文记载了盂和北方民族玁狁——也就是后来的匈奴——的战斗。可惜小盂鼎腐蚀得很厉害，很多字都看不清楚了。

第4节 春秋时代的金文

西周以后，中国历史进入了东周。一般把东周分为两段，前一段是春秋时代（公元前771—前476年），后一段是战国时代（公元前475—前221年）。

秦始皇统一中国以前，夏商周这些王朝的最高领袖叫做王，由王把国家分成很多小国，每个小国都立一个小国王，叫做诸侯，例如我们熟悉的晋、齐、鲁、郑、蔡、楚、燕、秦、宋等国家，就是当时著名的诸侯国。王领导各个诸侯。西周时期，周王的力量非常强大，青铜器大多数是周王朝的贵族所做，很少有诸侯制造的。到了春秋时代，情况不一样了，诸侯国强大起来，不太听周王的话了。周王朝经济困难，没有能力铸造好的青铜器，而诸侯国的青铜器却多了起来。春秋时所见的青铜器，几乎都是诸侯国的作品。

春秋铜器，大体上工艺精美，有不少长篇铭文。最长的是宋代发现的齐灵公时的“叔弓镈”（“镈”是一种像钟的乐器，“叔弓”是这个青铜器的主人），共493个字，而同时出土的叔弓编钟上，也铸有内容基本相同的铭文，7个编钟字数加起来有501个字。

▲ 春秋时期的编钟

▶ 春秋时期的镈

春秋时期，各国的金文逐渐形成了一些地方特色，例如秦国是一个地区，齐鲁等山东国家是一个地区，楚徐吴等南方国家是一区，但是总体上说，差别不是很大，对认字不造成太大影响。

▲ 齐侯盂铭文

◀ 战国时期的齐侯盂

从春秋中晚期开始，金文的字体越来越美术化。例如齐国的"齐侯盂"，很多文字的笔画都是故意弯曲，显得婀娜多姿。这种美术化的文字，不是通行的字体，而是相当于我们今天说的"艺术字"。特别明显的是南方的徐、楚、吴、越等国，开始出现狭长的美术体，例如：

比较靠近这些南方国家的宋、蔡等国，也受此影响。从春秋晚期到战国早期，流行一种叫做“鸟虫书”的字体，除了把文字本身写得弯弯曲曲之外，还在文字上附加鸟形或虫形的装饰。例如著名的越王勾践的剑，上面写的是“越王勾践自乍（作）用剑”，每个字的笔画都故意扭曲，上面附加了很多像虫子一样的装饰性笔画。再如，有一个越王矛上的“王”字写作“”，王字的上面附加了两只鸟形；吴王光戈上的“用”字写作，“用”字的下面也附加了一只鸟。由于这类艺术字用得最多的装饰图案就是鸟和虫，所以叫做“鸟虫书”。

吴王夫差矛

越王勾践剑

第5节 春秋时代的其他文字

我们今天能看到的古代文字，商代主要是甲骨文，还有一些金文；西周主要是金文，还有少量甲骨文。春秋时代的文字，除了金文外，还有一些写在玉和石头上的文字，主要是侯马的盟书。

1965年12月，在山西省侯马的晋国遗址，考古学家们发掘出一大批玉片和石片，上面写着古人结盟时发的誓言，称为侯马盟书。侯马盟书的主要人物，是春秋时晋国的大臣赵鞅，也叫赵简子。著名的《赵氏孤儿》的故事，就跟他有关。当时赵氏有两大敌人范氏和中行氏。侯马盟书的内容，反映的就是以赵鞅为首的集团，聚集在一起结盟，发誓要同心协力反对范氏与中行氏。这件事情发生的时间，大约在公元前497年至公元前489年之间。

盟书的数量有五千多片，其中约三分之二是石，三分之一是玉。很多字的字迹模糊，可以认出字来的只有656件。盟书用毛笔书写，字迹一般是朱红色，少数为黑墨色。盟辞篇幅长短不一，一般在三十到百余字之间，最少仅十多个字，最多有二百二十多字。由于盟书是用毛笔书写的，可以真实地反映当时通行文字的面貌。

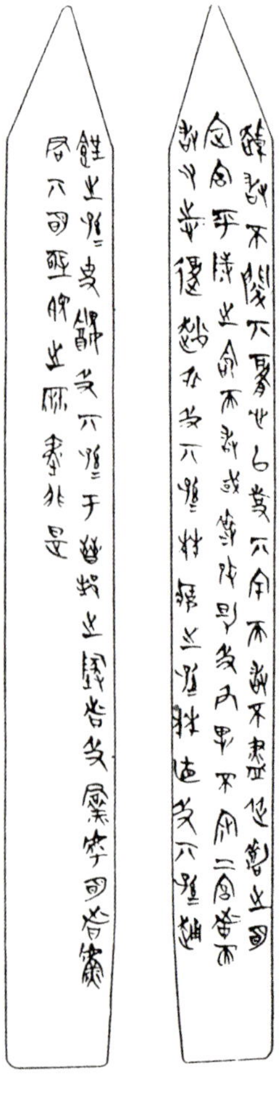

▲ 侯马盟书摹本

第6节 西周到春秋文字的变化

西周初年的文字，直接继承了商代晚期的文字特点，比较自由奔放，但是从西周中期开始，文字逐渐变得整齐方正。这种变化的主要目的，是为了写起来比较方便。我们知道，象形文字跟图形接近，虽然美观，但是写起来却很麻烦，因为写一个字就像画一幅画一样。比如说，凤凰的“凤”字，写作，像戴着皇冠、拖着长长羽毛的凤凰。虽然很优雅，但是要把它写好，得有点画画的天赋才行。不信？你试试！

汉字演变的过程，实际上就是汉字不断简化的过程，写起来越来越简便。从西周初年到春秋时代，汉字也经历了一些简化。主要表现在两个方面：

一是把原来的粗线条的笔画变为一根直线，把原来是一个方块或圆块的笔画改成线条，这样，写起来就方便多了。例如：

二是把原来弯弯曲曲的线条拉成直线，有些笔画，本来不相连的线条要写两笔或两笔以上，现在把它连成一笔。例如：

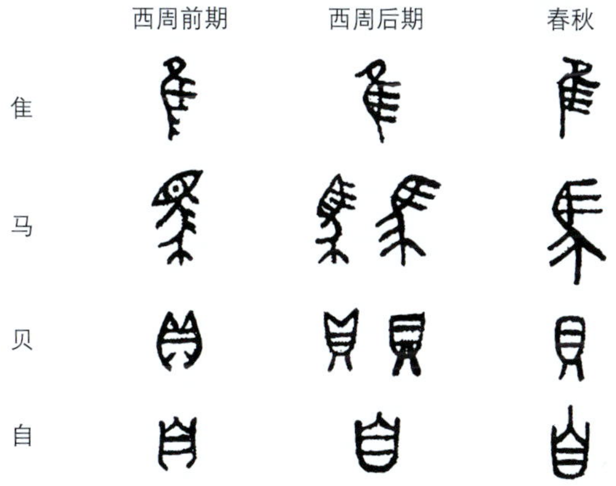

经过这样的改变之后，西周晚期到春秋时候的文字就变得比较规整了。

美丽汉字 第4章

百花齐放的六国文字

春秋晚期，是中国历史上的一个大变革时代。原来的周王朝领导各国诸侯的体系土崩瓦解，出现了诸侯争霸的局面。经过长期的兼并战争，到了战国时代，虽然还有不少小诸侯国，比如中山国、鲁国等，但是主要的诸侯国就只剩下了齐、楚、燕、韩、赵、魏、秦七个，史称“战国七雄”。

随着国家政治的变化，文化上也发生了很多变革。西周时代，只有占统治地位的贵族们才能接受文化教育，文化是由官府掌握的。到了春秋晚期，没落的贵族和下层的平民中间，逐渐兴起了一批有文化的知识分子，叫做“士”。他们兴办私人学校，教育学生，使得文化逐渐普及。另外，战国时代经济发展，商业发达，可能也促进了文字的扩散。这样，会使用文字的人越来越多，文字的变化也就开始剧烈起来。战国时代的汉字，呈现出百花齐放的局面。

说战国文字“百花齐放”，主要包括两方面的意思。一方面是指各个国家的汉字各有特点。大致说来，齐鲁是一个系统，韩赵魏是一个系统，楚国是一个系统，燕国是一个系统，秦国是一个系统。不过，秦国文字与其他国家的文字有明显的差别，而其他国家的文字虽然也各有特点，但总体上还是比较相似，所以，一般把战国文字分为秦系文字和六国文字两大系统。说是“六国文字”，其实不限于齐楚燕韩赵魏这六个国家，而是泛指秦国以外的各国，例如鲁国的文字，就跟齐国接近，不用单独分为一国；南方的曾国，文字跟楚国接近，也不用单独分为一国。所以，“六国文字”就可以概括当时的文字了。由于秦国的地理位置在西边，所以习惯上也把秦国文字称做西土文字，把六国文字称做东方国家的文字。

另一方面，战国时代遗留下来的文字资料非常多，包括金文、简帛文字、玺印文字、货币文字、石刻文字等。由于材料不同，文字也各有特点。下面我们先来介绍六国文字。

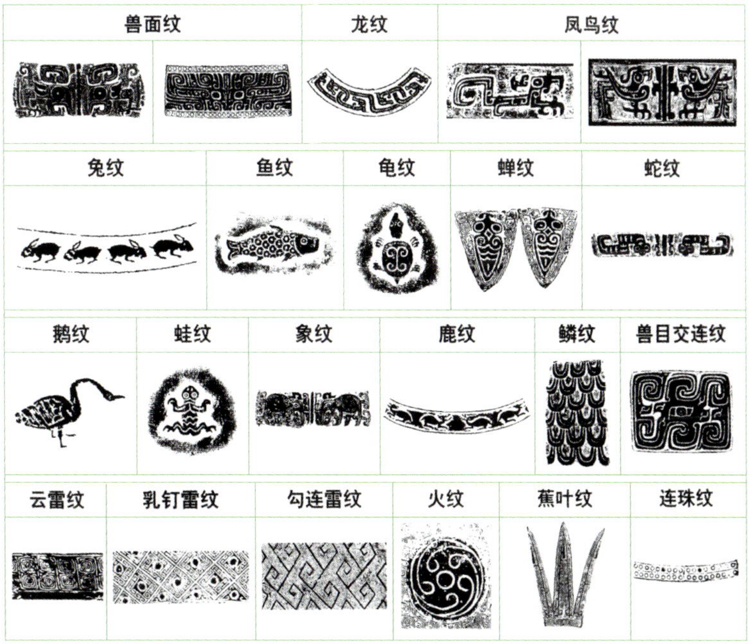

青铜器上的纹饰

第1节 简帛文字

这是目前数量最多，也是最重要的六国文字材料。我们已经说过，从商代以来，简帛实际上就是最主要的书写材料，一直到纸的普遍使用之前。可惜由于简帛容易腐烂，所以战国以前的简帛，至今没有发现。目前已发现的战国简帛，也都是楚国及其周边国家的。1942年，从长沙子弹库的一个楚墓中，发现了一件帛书，但很快就流入美国，现藏美国的赛克勒博物馆。帛书上有精美的彩色画，周边画有十二个月神，文章的内容是与天地开创、春夏秋冬四时形成有关的古代楚国的神话传说。这是迄今为止发现的唯一的战国时代的帛书，弥足珍贵。

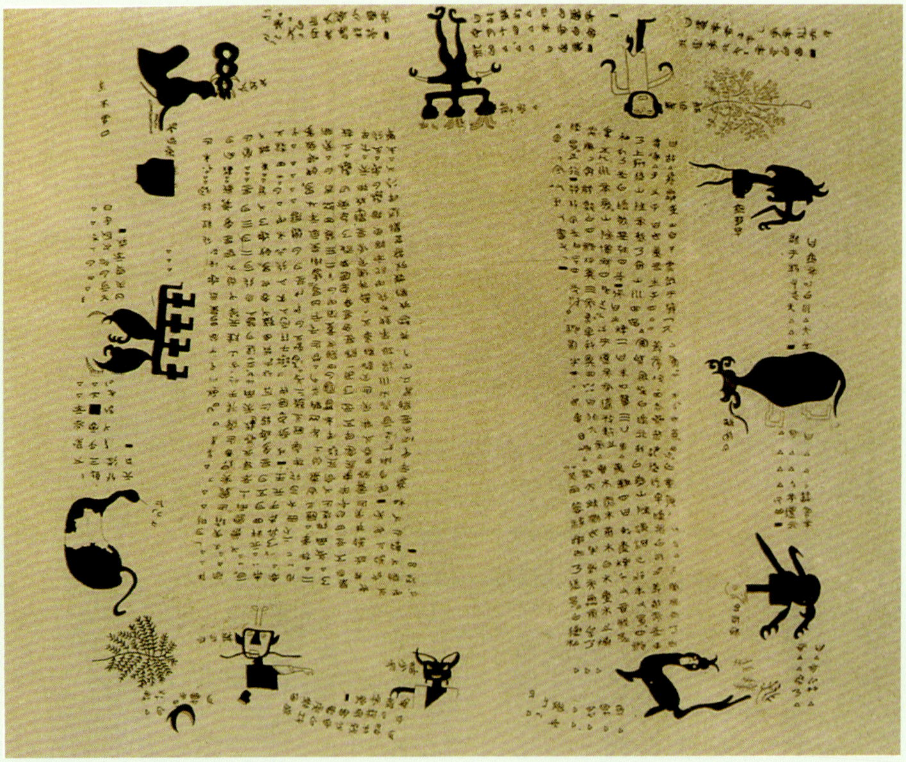

长沙子弹库楚帛书

20世纪50年代以来，在湖南常德、临澧、慈利，河南信阳，湖北江陵、荆门等地陆续发现了很多楚简。

1978年，在战国初年的曾侯乙墓中，发现了很多竹简，文字与楚国没有什么差别，内容基本上都是随葬品的清单，叫做“遣策”。后来发现的江陵九店楚简、包山楚简、望山楚简等，都是关于占卜的记录。

1994年，在香港的古玩市场上出现了一批楚简，这批楚简是从湖北荆门郭店的楚墓中盗掘出来的，其中有很多古书。不久，上海博物馆又收藏了一大批楚简，估计与郭店楚简出自同一个地区，古书更多。2008年以来，清华大学、岳麓书社也相继购买到一批战国竹简，内容也都非常重要。由于竹简的大量出土，让我们看到了战国时代通行文字的真面貌。因为简帛文字都是手写体，比较真实地反映了当时通行文字的面貌。

右侧是郭店楚简《老子》的一小部分：

有状混成，敓穆独立不改，可以为天下母，未知其名，字之曰道，吾强为之名，曰大。大曰羡，羡曰远，远曰反。天大，地大，道大，王亦大。国中有四大焉，王居一焉。人法地，地法天，天法道，道法自然。天地之间，其犹橐籥与？虚而不屈，动而愈出。

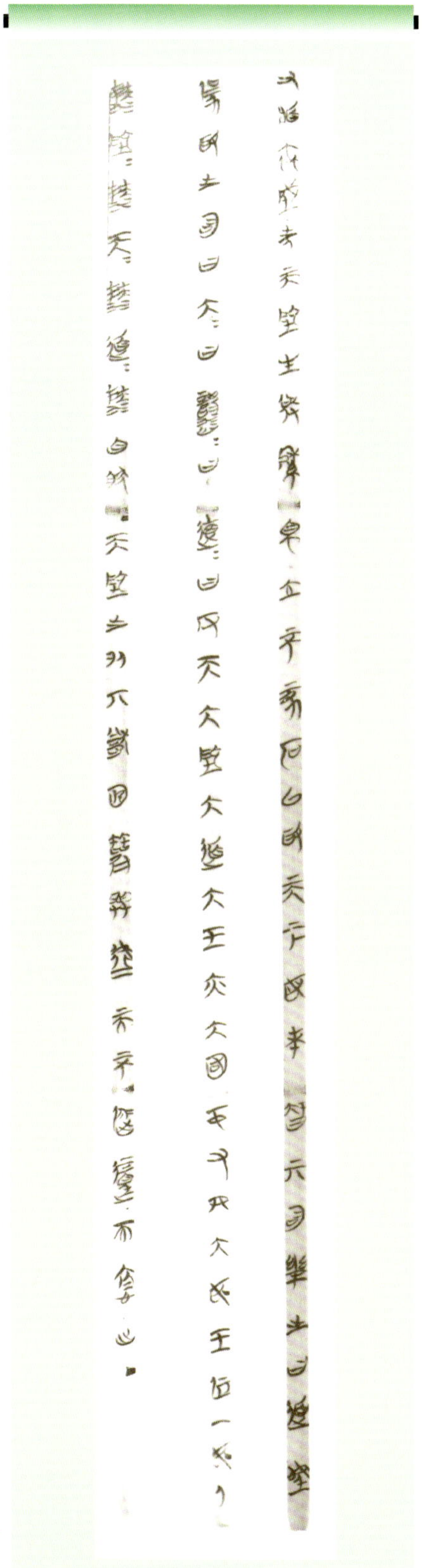

▲ 湖北荆门郭店楚简

第2节 六国金文

金文到了战国时代，也发生了分化。一方面，由于青铜器比较坚硬，因此越来越多地用在兵器上，做成戈、矛、剑等。据说吴越地区的剑就造得特别坚固锋利。这些兵器上也铸刻上了铭文，一般都很简单，主要是记录这件武器是由国家的哪个部门制造的，什么时候制造的，负责的工匠是谁，负责监督的官员是谁等等，这叫做“物勒工名”，“勒”是刻的意思，就是在器物上刻上工匠的名字，如果出了问题，就要追究责任。

◀战国时期韩国制造的一件铜矛上的文字

例如左侧的这篇金文，就是刻在韩国制造的一件铜矛上的文字，上面记载了它的制造时间，是“九年”，负责监造的官有三位，一位是“郑令向强”，一位是“司寇零商”，一位是“武库工师铸章”，具体制造的工匠叫做“狃”。

这些兵器上的文字，大家一看就知道写得很粗糙、很潦草，尤其是经常会使用一些简化得非常厉害的文字。例如“年”，正规的文字应该写作，但是这件矛上写作；铸造的“铸”字，正规的文字应该写作，这件矛上写作，差别非常大。战国的实用性器物上的文字，都有这种简化的特点。

另一方面，那些在比较庄重的场合使用的青铜器，上面的金文仍然有非常精美的花纹和文字。例如1978年，在湖北随县出土的战国初年的曾侯乙墓中，发现了好几套编钟，铭文总数将近两千八百字，内容几乎都是讲音律的，是研究古代音乐的珍贵材料，上面的文字写得都很艺术化。更著名的是20世纪70年代在河北省平山县发现的中山王墓，时代在公元前4世纪末期。墓中出土的中山王鼎和方壶，铭文都非常长，鼎有469字，方壶的四面一共有450字，都是用刀刻的，文字非常精美。这篇文章记载了当时的一件非常著名的大事。燕国的国王哙

▲ 中山王方壶铭文

▲ 中山王方壶铭文

觉得自己的大臣子之非常贤能，所以学习远古时候尧舜禹禅让的榜样，把自己的王位让给了子之。但这引起了很多大臣和外国势力的不满。中山国和其他国家一起进攻燕国，要阻止这种“传贤不传子”的禅让行为。中山国得到了大片土地和燕国的战利品，方壶就是为纪念这次战争的胜利而做的。

◀ 中山王方壶

不过，由于战国普遍使用简化程度很高的文字，所以，即使是那些比较庄重的青铜器上的文字，也不可避免地开始简化。简化是当时的总趋势。

第3节 其他文字

战国时代的文字资料很多，除了简帛和金文之外，还有货币文字、玺印文字、陶文等。

货币文字，就是铸在货币上的文字。战国时代已经有大量的金属货币。东方各国的金属货币形状非常丰富，有的是圆形的，叫做“圆钱”，如图 1；有的模仿铲子的形状，叫做“布币”，如图 2；有的模仿刀的形状，叫做“刀币”，如图 3；有的模仿小型的海贝，看起来有点像蚂蚁的鼻子，所以叫做“蚁鼻钱”，如图 4。

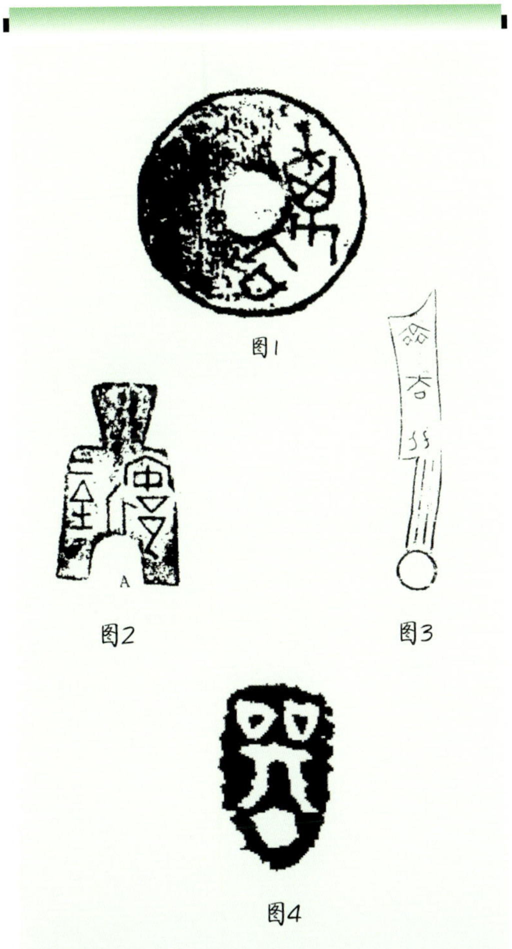

战国时代的货币

货币上常铸有地名，应当是货币发行的地名，例如图 1 是赵国的圆钱，上面写着“离石”二字，离石就是赵国的地名。有的还有重量或面值，如图 2 是魏国的布币，上面写着“安邑斤二百”，安邑是魏国的首都，斤二百就是它的重量或面值。还有其他各种内容，例如图 3 是齐国的刀币，上面就写“齐大刀”三字；图 4 是楚国的蚁鼻钱，上面写的是一个“巽”字，可能就是“钱”的意思。这个字写在蚁鼻钱上，看起来是不是有点像鬼脸？所以，以前也有人把这种钱叫做“鬼脸钱”。

齐国货币“齐大刀”

玺印文字，就是刻在印章上的文字。我们看电视，看小说，都知道古代皇帝会有自己的“玉玺”，就是用玉做的印章。现代汉语中的“玺”，好像专指皇帝的大印，但这是从秦始皇才开始的。之前一般人的印章都可以叫玺。

我国在春秋时代，就已经开始使用官玺。但是今天能见到的最早的玺印，还是战国时代遗留下来的。战国玺印中的“玺”字，常常写作“鉨”，这也可以看出当时玺印大多是铜印，此外也有银和玉的。

图5

图6

图7

图8

▲ 战国时代的玺印

战国玺印的内容多种多样，大多是官职名称，叫做官印，如图5是燕国的“平阴都司徒”的玺印。也有个人的印章，叫做私玺，如图6，是齐国人“司马棱鉨”。还有一些写着美好言辞的玺印，叫做“吉语印”，例如图7是“敬事”二字，表示要认真谨慎地做事；图8“中身”两个字，这两个字不能按照字面读，要读成“忠信”，大概是勉励自己要忠信待人，有点像我们今天的座右铭。

图9

陶文是刻在陶器上的文字。战国时代的陶文，大多是在陶器烧成之前用玺印打上去的，所以陶文实际是一种特殊的玺印文字。

战国陶文大多是制造陶器的工匠的名字或陶器所属机关的名字。例如图9是齐国的陶器，上面写着“北里五”，“北里”是地名，“五”是工匠的名字。图10是燕国的陶器，上面写着“左军”二字，这个陶器应该是属于燕国左军的东西。

图10

第4节 六国文字的特点

最后我们简单总结一下六国文字的特点，主要有两大方面：

第一，是各国“文字异形”。同一个字，在各个国家的写法常常会不太一样。过去，古文字学家们都很强调这一点，比较有代表性的例子是当时的“者”字和“市”字：

首先，由于大量战国竹书的出土，我们发现，即使是同一个国家，同一个字也可能有很多不同的写法。例如在上面提到的郭店楚简中，即使是同一篇文章之内，“者”字就有几种不同的写法。可见六国文字“百花齐放”的特点。

其次，六国文字的总体趋势是大大简化，简化字流行。例如我们上面说到的韩国矛上的“铸”字，本来应该写作“”，但是矛上写作“”；还有齐大刀上的“齐”字，本来应该写作“”，但是刀币上写成；楚国文字的“为”字，本来应该写作“”，但楚

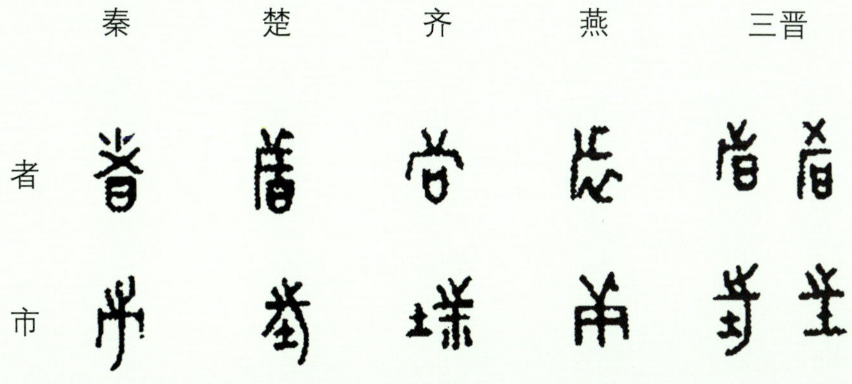

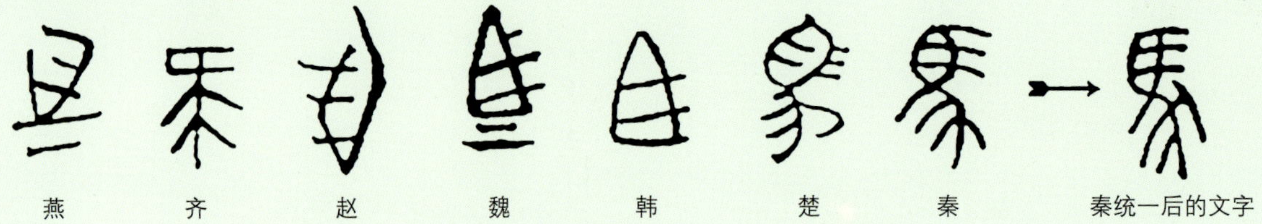

▲ 六国文字及秦统一后的文字

简上都写作“[illegible]”，等等。这在很大程度上是由于文字普及到民间，被普遍使用在很多实用性的场合，写起来方便、快捷成为突出的要求。

不过，虽然各国文字不太一样，但是总体上并不妨害国与国之间的交流。从古书记载来看，当时各国之间书信往来非常普遍，从来没有说因为文字异形发生过无法理解的现象。所以，各国文字的差异，大体上还是相同中的差异，“同”才是主要的。

秦始皇统一中国之后，为了统一文字，就把六国文字都废弃了。到了汉代，人们已经不太认识六国文字了，当他们看到这种文字的时候，还以为是从仓颉时代流传下来的古文字，所以他们把六国文字叫做“古文”。大家不要小看这种被废弃的“古文”，它们虽然不再是正式的文字，思想家们却常用它来作工具，向主流思想展开争鸣，也曾经被道教神秘化了。因此，在我们国家的文化史上，古文长期发挥着非常重要的作用呢。

美丽汉字 第5章

从大篆到小篆

就在东方六国的文字发生剧烈变化的同时，秦国的文字，却显得中规中矩，一直延续了西周晚期以来文字的基本风貌，变化缓慢。这主要有两个方面的原因。

一是秦国地处陕西，地理上跟东方国家相对隔绝，周围又都是少数民族国家，所以与中原文化的交流比较少，文字上较少受到东方六国的影响。二是在刚刚进入战国时，秦国在经济上也比较落后，比东方国家发展得慢一拍，经济上的落后，也使得文化上趋于保守，因此文字的变化不是很剧烈。跟东方六国文字相比，它实际上继承了西周的传统。自成一系，通常我们叫它秦系文字。

第1节 春秋到战国初期的秦国文字

秦国是在西周末期才建国，被分封为诸侯的。秦国文字一开始就跟西周晚期文字是一致的。我们在上文说过，西周晚期到春秋时期的文字，逐渐变得整齐方正。大家可以对比下面的两篇金文，一篇是西周晚期的虢季子白盘，一篇是西周晚期秦国的不其簋。这两篇金文都记载了跟北方民族玁狁——也就是后来的匈奴——的战争。对比之后不难发现，两者字体非常接近。

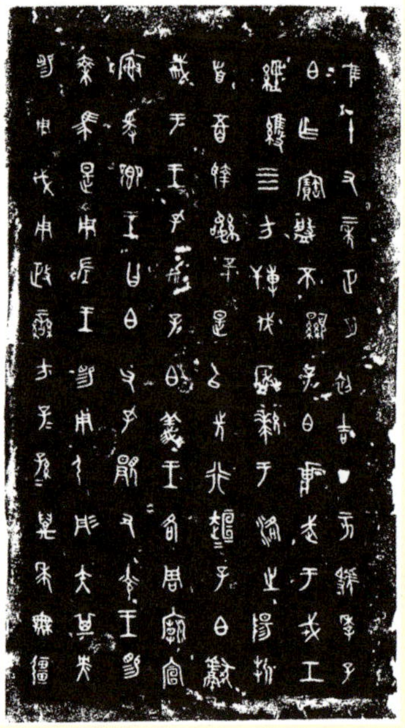

◀ 虢季子白盘铭文 / 不其簋铭文

进入春秋以后，秦国文字变化缓慢，秦公簋、秦公钟可以作为代表，上面的字体跟西周晚期也基本相同。

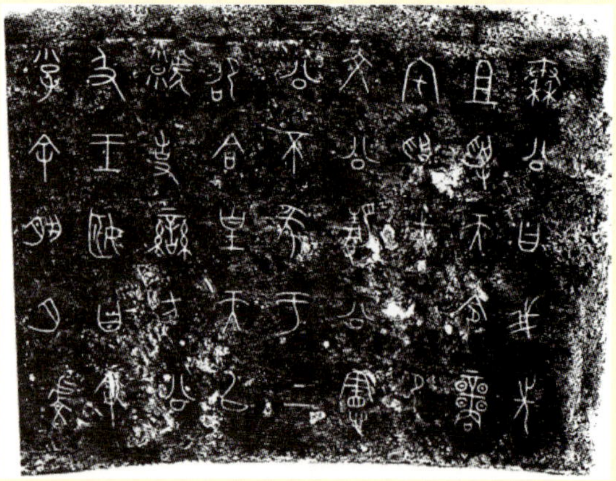

▲ 秦公簋 / 秦公钟（开头部分）

春秋晚期到战国之交，有著名的石鼓文，可以作为秦文字的代表。

唐朝初年，在天兴县，即今天的陕西省凤翔县，发现了十个鼓状的石头，每一个石鼓上都刻有一篇诗歌，是六七十字的四言诗，跟我国最早的诗歌总集《诗经》中的诗歌很相似。这些石鼓上曾被涂上黄金，北宋末年，金兵南侵时，将上面的黄金刮去，也损害了石鼓上的文字。目前能见到的最早的石鼓文拓本是宋代流传下来的，已经有不少残泐。石鼓历经千年，目前保存在故宫博物院。

当时有一种字体，叫做籀文。籀文被记载在汉代人称之为《史籀篇》的一部书里。史籀是周宣王（公元前827—前782年）时的太史，《史籀篇》相传是他编写的字书，那么，其中的文字，应该就是西周晚期的文字，后人把这种文字叫做籀文。这本书早已失传了，但是其中的很多字的写法，保存在东汉时代的文字学家许慎编写的《说文解字》里。但是，对于籀文的时代，现在有不同的意见，著名的国学大师王国维就认为，籀文不是周宣王时候的文字，而是春秋战国时代秦国所用的文字。也有很多学者认为，籀文就是西周晚期的文字。不过，春秋时代的文字，与西周晚期周宣王时候的文字差别不大。所以，认为春秋到战国之际，秦国所用的文字是籀文，应该可以成立。所以我们也可以把春秋到战国初期的秦国文字叫做籀文。籀文又叫大篆，这是相对于后来产生的小篆而言的。

▲ 石鼓

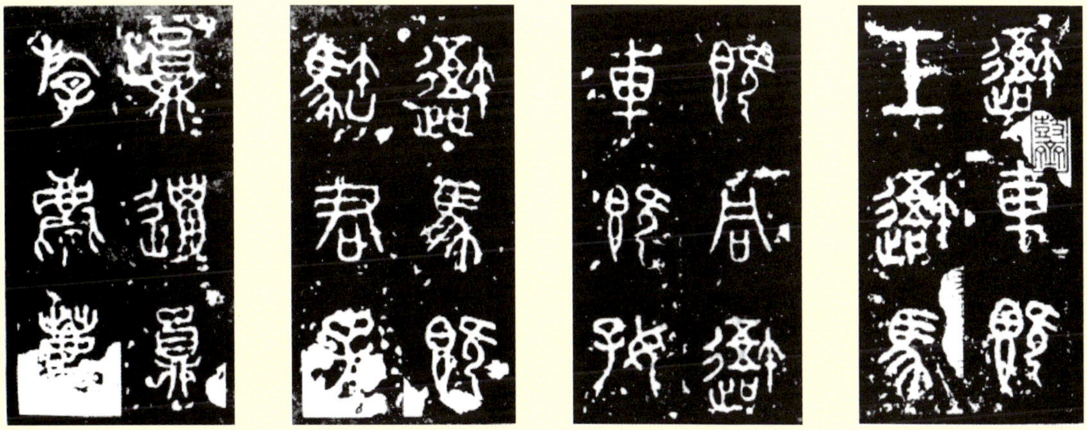

◀ 石鼓文（部分）

第2节 小篆的形成

▲ 商鞅方升

秦国文字在西周晚期文字的基础上，结构越来越规整、笔画越来越均匀。战国初期的秦国文字，大体上跟秦公钟、石鼓文等文字相近。我们知道，秦始皇是用小篆统一了中国的文字，小篆就是在春秋以来的籀文，即大篆的基础上形成的。事实上，春秋时候的秦公钟、秦公簋上面的文字，跟小篆已经比较接近了。石鼓文跟小篆比，也非常接近，但是有些字还比较复杂，例如石鼓文的“吾”字，写作，比小篆的复杂多了。不过这样的文字并不是很多。

到了战国中期以后，秦国文字已经高度规整化、圆转化、均匀化。中期的文字，可以用秦孝公十八年（公元前344年）的商鞅方升为代表，这可以被看作当时秦国的标准字体，非常接近小篆。稍晚，战国中晚期的诅楚文，跟小篆几乎已经没有差别。

诅楚文是秦王向神灵诅咒楚王的石刻文字，每向一位神灵告状就刻一块石头，内容基本相同。北宋时发现三块，一是告巫咸，一是告大沈厥湫，一是告亚驼，可惜原石和拓本都已经亡佚，现在能看到的是摹刻本。

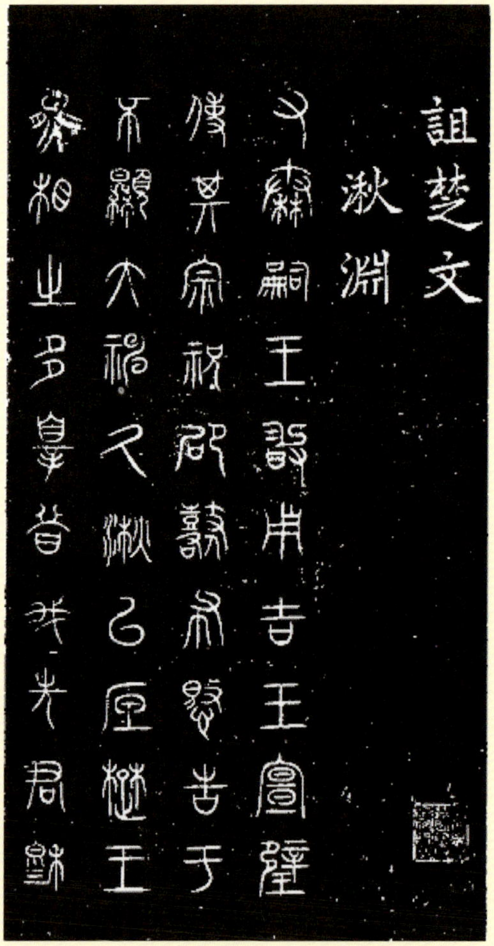
▲ 诅楚文

著名的新郪虎符，是秦始皇统一中国前夕所刻的兵符。所谓兵符，是古代调动军队的一种符节，做成老虎的形状，从中间对剖开，合起来就是一只完整的老虎。平常右边的一半在王的手中，左边的一半在军队的将军手中。王要发兵，就派人把右边一半虎符拿给将军，将军验证是不是能跟自己手中的一半拼合起来，如果可以，就调动军队，如果合不起来，就不能用兵。新郪虎符上的铭文是：

甲兵之符，右在王，左在新郪。凡兴士被甲，用兵五十以上，[必]会王符，乃敢行之。燔燧事，虽毋会符，行殹（也）。

▲ 新郪虎符

目前我们能见到的标准的小篆，是秦始皇统一中国之后不久刻的峄山刻石。大家可以比较一下诅楚文、新郪虎符和峄山刻石的文字。

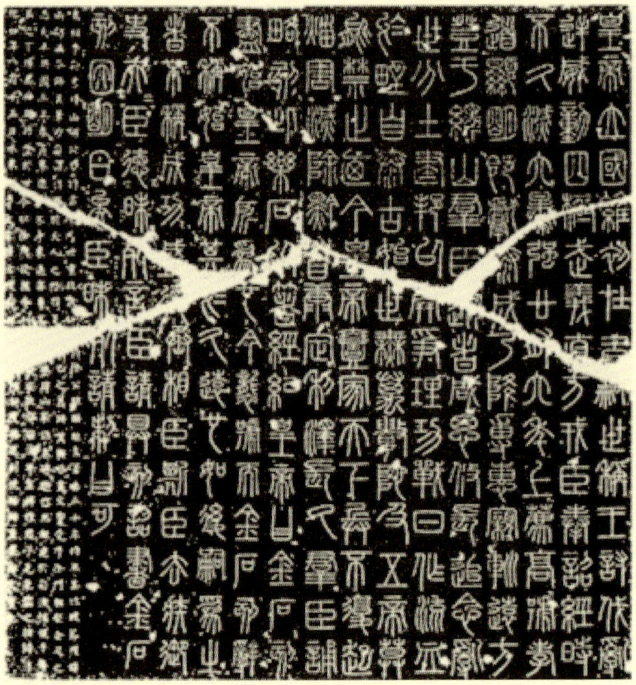

峄山刻石

秦统一中国，秦始皇巡行天下，在峄山、泰山、琅邪台、芝罘、碣石、会稽等地刻石记功。秦二世又在每一处石刻上续刻了一道诏书，说明这些石上的文字是秦始皇刻的。这些文字都是标准的小篆，可惜原物大多已经损毁，只有琅邪台刻石有残块存留，主要是秦二世的诏书。峄山刻石的文字尚有完整的摹刻本传世，泰山刻石也有残拓的摹刻本传世。

新郪虎符、诅楚文跟这些刻石上的文字，已经基本相同了。

所以，小篆在战国晚期就已经形成了。新郪虎符已经是小篆，诅楚文事实上也已经可以看作小篆。秦始皇统一中国后，由于当时六国文字不同，不利于国家的统一，所以下令“书同文”，就是用当时秦国的标准字体小篆来统一全国的文字。他让丞相李斯作《仓颉篇》，中车府令赵高作《爰历篇》，太史令胡毋敬作《博学篇》，合称“三仓”，把这种字体固定下来，成为全国的标准字体。这样，百花齐放的六国文字从此就被废除了，秦国文字成为我们今天汉字的来源。所以，从广义上说，秦统一中国以后，直到今天的楷书，都是秦系文字。

美丽汉字 第6章

从小篆到隶书

从大篆到小篆，汉字是不断地规整化、圆转化、均匀化。不过，大约从战国中期开始，大篆同时又沿着一条从圆转化向方折化的道路发展，到战国晚期，形成了一种新的字体——隶书。隶书的“隶”，是徒隶的意思。徒隶是地位很低的人，近似我们通常说的奴隶。

从汉代以来，就流传着有个叫程邈的人为秦始皇创制隶书的故事。传说程邈犯了罪，被秦始皇关在监狱里。监狱里当然很无聊，所以他就研究汉字。他觉得当时的小篆弯弯曲曲太难写，所以就改成了方折的直线，创造了隶书。秦始皇非常欣赏这种书写简便的新字体，下令在全国推广。因为程邈是犯人，所以大家把他创造的这种字体叫做隶书。这当然只是传说而已，真实的情况是，隶书是在战国中期秦国文字大篆的基础上，在战国晚期自然演变而成的，绝不可能是某一个人的创造。

第1节 隶书的形成

秦国从商鞅变法以后，国家逐渐强盛起来，当时的国王叫做秦孝公。秦以法立国，官府的行政和法律文书，包括打官司的文书非常之多。司马迁在《史记》中说，秦始皇每天要处理的各级官府送上来的文书，有三十公斤重。有人根据新出土的秦代简牍的重量和书写状况，专门给他计算过，三十公斤重的竹简上，大约能写10多万字。这是非常大的阅读量，我们今天也很少有人能做到。所以有些人猜测，秦始皇可能是批阅文书累死的。可见当时政府文书之多。

这样大量的文书，如果都用圆转婀娜的小篆来书写，的确是太花费时间了。为了能及时有效地处理繁忙的事务，需要有一种书写起来比较简便的简体字，于是隶书就应运而生了。

▲ 商鞅矛镦上的简化字

秦国文字发展到战国中期的时候，也已经有了比较系统的简化字。例如秦孝公十六年（公元前346年）的商鞅矛镦（矛柄下端的铜帽）上的文字就是：

十六年，大良造庶长鞅之造雝◢

上面的文字非常草率，可以看作当时的简化字。

在这些简化字中，已经出现了很多跟后来的隶书相同或相似的写法。例如“羊”字写作“羊”（小篆写作“羊”），“明”字写作“明”（小篆写作“明”），水旁作三短横“三”（小篆作“氵”）等。

这些简化字体最明显的特点，是用方折的笔法改变篆文的圆转笔法，而这正是隶书形成的最关键因素。我们可以从下面的始皇诏版看得很清楚。

廿六年，皇帝尽并兼天下诸侯，黔首大安，立号为皇帝。乃诏丞相状、绾，法度量，则不壹，歉疑者皆明壹之。

始皇诏版

湖北云梦睡虎地秦简

上面的文字，就是介于小篆和隶书之间。

我们说过，最能反映当时通行字体的，是手写的毛笔字。幸运的是，20世纪70年代以来，有很多出土发现的从战国到秦代的毛笔字材料。1975年，在湖北云梦县的睡虎地11号墓，考古学家们发现了1100多枚秦简，内容大多跟法律有关。上面的文字，大约是在战国末年书写的，已经是明显的隶书。

除了睡虎地秦简，还有不少出土材料都是用隶书书写的。近来，最重要的发现是2002年，在湖南西部的里耶古城，出土了大约两万多枚的简牍，内容都是当地的官府文书，涉及战国到秦代社会的各个方面。字体也是隶书，而且书法很漂亮。

五四运动时期，有一位非常著名的学者叫钱玄同，他当然看不到这么多秦简资料，但他从当时所见的不多的材料出发，根据文字演变的一般特点，已经指出，隶书在战国晚期就已经形成了。后来的出土发现证明，他的论断是正确的。这是非常了不起的成就。

秦始皇虽然是以小篆统一文字，但从出土发现来看，小篆只是在少数正规的场合使用，日常生活和社会工作中真正普遍使用的是隶书。所以，当时的通行字体实际上已经是隶书，而不是小篆。

这是我们汉字演变史上的一种很有意思的带有规律性的现象：官府正式承认的字体，往往要比当时实际使用的字体落后些，保守些，或者说“正规些”。

不过，秦代的隶书还带着不少小篆的写法和一些篆文的圆转的笔法，还算不上成熟的隶书。

到了汉代，隶书已经成熟，使用的时间也长了，就成为正规的字体了。我们一般把秦的隶书叫做秦隶，把汉代的隶书叫做汉隶。

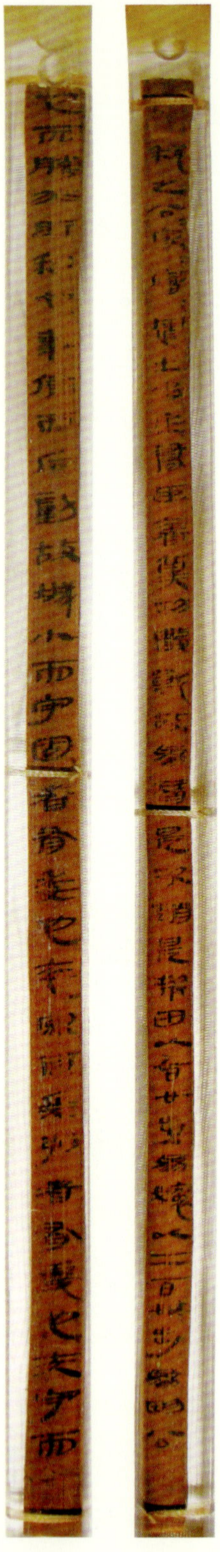

▲ 里耶秦简

第2节 隶书的成熟——八分

秦以后，是西汉。西汉早期的文字，与秦隶没有什么差别，所以一般也把秦和西汉早期的隶书统一叫做“古隶”。大约到了汉武帝晚期，开始形成一种比较特殊的写字笔法，这种笔法的特点是：对于撇、捺和比较长的横画，起笔时往往稍稍下顿，在收笔的时候往往把笔画写得往上挑，呈现出水波一样的起伏之状。这种微向下的顿笔，叫做“蚕头”，略向上的挑笔，叫做“燕尾”。大家可以参看下面的碑刻上的文字，一目了然。

曹全碑 / 张迁碑

这种特殊的波折笔法，有一个专门的名称，叫做“八分”。一般认为八分字体是成熟的隶书，称为“汉隶”。上面的碑刻都是东汉时候的，东汉晚期的碑刻上的字体，一般都是这种八分字体。但是，八分这种笔法，在敦煌、居延等地发现的汉武帝晚期到汉宣帝时期，也就是西汉中晚期的简牍上，就已经出现了。所以，汉隶，也就是八分的形成，是西汉中晚期的事情。

不过，这种字体为什么叫八分，现在还说不清楚。有人说，这种字体整体面貌较扁，笔画向两旁伸展，好像“八”字向两边分散的样子，所以叫“八分”。

美丽汉字 第7章

从隶书到楷书

八分的笔法非常有特色，成为隶书的比较正规的字体。但是大家从上面的碑刻文字中不难看出来，这种字体写起来其实不那么方便，甚至不如早先的秦隶或古隶方便，大概也只有在非常正式的场合，大家才会这样写字。平常通行的字体，是不是也是这样呢？

第1节 新隶体

由于八分汉隶书写起来也不方便，所以并不实用。日常用的书写体就必然会作一些简化。最主要的简化，是抛弃八分的水波状笔法，书写起来比较随意，文字也显得比较质朴。大约在东汉中期，这种比较简便的通行字体，也逐渐固定化，形成了一种独立的字体，为了跟标准的八分相区别，大家把它叫做“新隶体”。稍后，大约在东汉晚期，新隶体又吸收了一些当时已经出现的草书的写法，形成了行书。

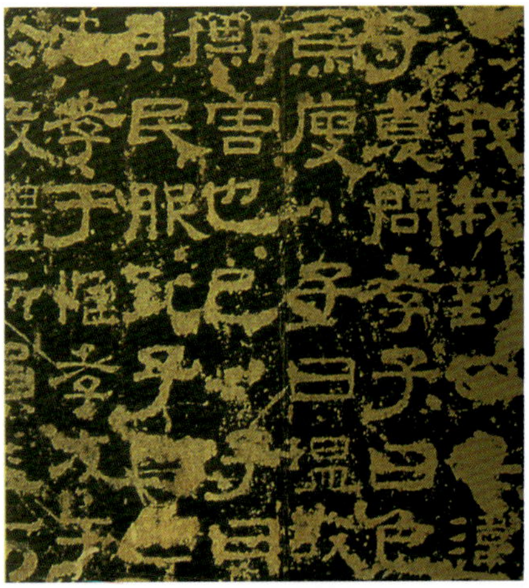

《熹平石经》拓本局部，汉隶发展到非常成熟时的碑刻。

第2节 行书

行书的“行”，是行云流水的意思。行书较之隶书，尤其是八分，写起来快捷流畅得多了。根据唐朝的书法家张怀瓘（guàn）的说法，行书是东汉晚期的书法家刘德昇（shēng）创造的。这种说法不一定正确，不过，刘德昇的书法可能对行书的形成起了很重要的作用，所以后人把这功劳归到他头上。据说汉魏之际重要的书法家钟繇（yóu），就曾经向刘德昇学习过行书。

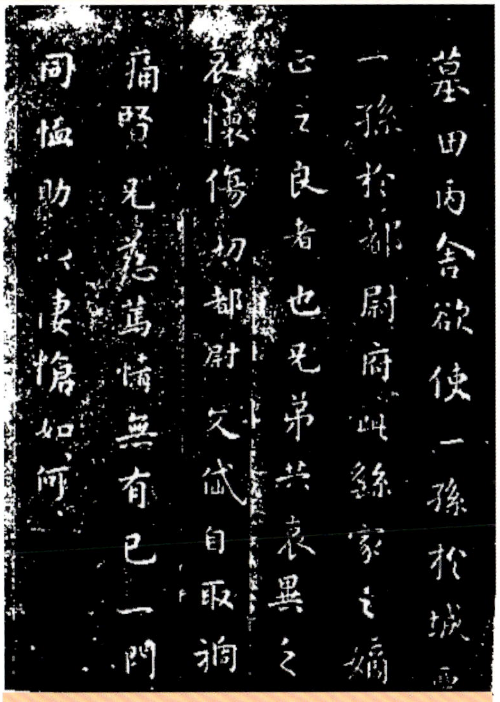

钟繇《墓田丙舍帖》

行书非常接近我们今天的楷书。当时有很多著名的行书书法家，但是流传到现在的书法作品已经很少。大家可以看看当时的书法家钟繇书写的《墓田丙舍帖》。

这个字帖上的字，是比较规整的行书。跟我们今天的楷书相比，除了某些笔画还带点隶书的波折味道，基本上已经没有什么差别了。所以，从行书到楷书，这是汉字演化的最后一步。

王羲之《姨母帖》

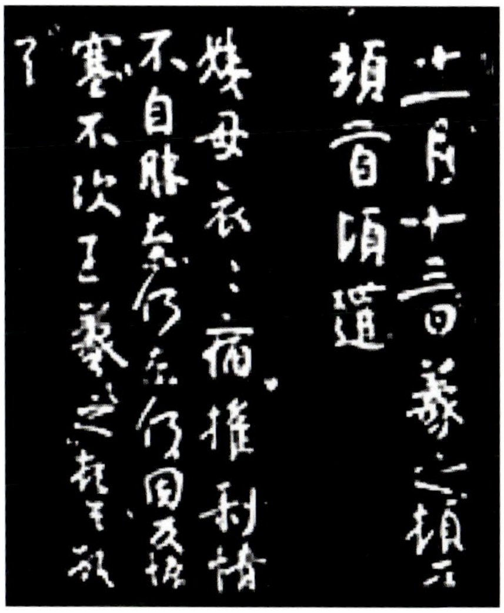

严格来说，像《墓田丙舍帖》这样的文字其实只是隶书的行书，跟后来在楷书的基础上写的行书是有很大区别的。后来的行书的确如行云流水，笔法非常流畅，例如王羲之的《姨母帖》。而早期的隶书的行书却比较规整，跟楷书非常接近，所以也有很多人把这种早期的行书直接认作楷书，可见二者的接近程度。

第3节 楷书

大约在汉魏之际，又在行书的基础上，形成了楷书。楷书实际上是把行书写得更加庄重、更加规整化的结果。楷书的“楷”，就是有法度，可以作为楷模的意思。今天能知道的最早的楷书书法家是钟繇，能见到的最古的楷书就是他的《宣示表》等帖的临摹本（临摹本就是后人模拟原作依样画葫芦而写成的作品）。后来晋代的王羲之、王献之父子也起了非常重要的推动作用，因此人们常称“钟王楷书”。钟繇的行书非常潇洒，他的《宣示表》的楷书反而显得有些质朴和古拙，依稀能够看到八分隶书的笔意，尤其是比较粗的笔画。

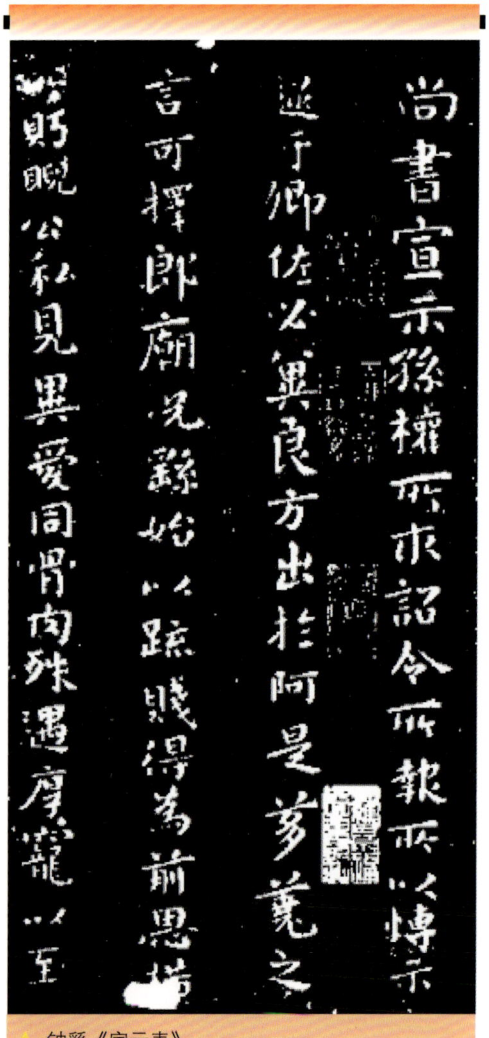

▲ 钟繇《宣示表》

王羲之父子的楷书笔法流畅，结构整齐端庄，显得更加漂亮。大家可以参看王羲之的《乐毅论》摹本和王献之的《洛神赋》摹本。

不过，楷书虽然在汉魏之际就已经形成了，但原来的字体并没有马上退出历史舞台。在整个魏晋时代，长达二百年左右的时间，一般人所用的通行文字仍然是新隶体或行书。直到南北朝时期，楷书才最终发展成为占统治地位的字体。

目前，很多爱好书法的人，喜欢将唐代颜真卿、柳公权、欧阳询等书法家的字帖作为楷书的标准字体，他们认为，楷书到唐代才真正成熟。这些书法家的作品，的确很有法度，也非常有美感，对于楷书地位的确立，功不可没。不过，颜真卿、柳公权、欧阳询这些书法家，他们也有各自的特点。不管怎样，楷书书法到唐代是一个高峰，这是千真万确的。

大家如果看了下面的这几幅颜体、柳体、欧体的字帖，尤其是欧阳询的《九成宫》字帖，可能就叹为观止了。

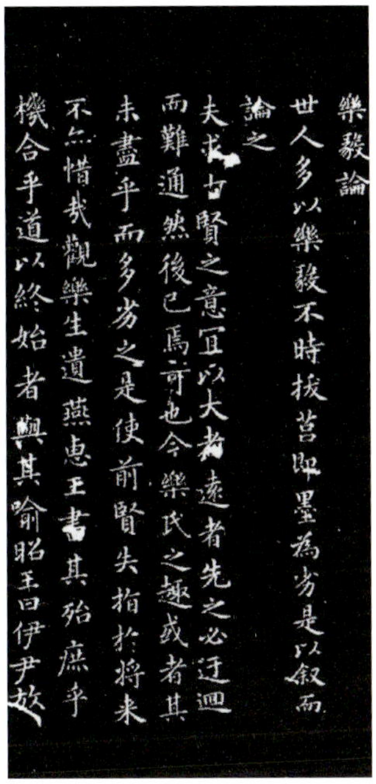

▲ 王羲之《乐毅论》

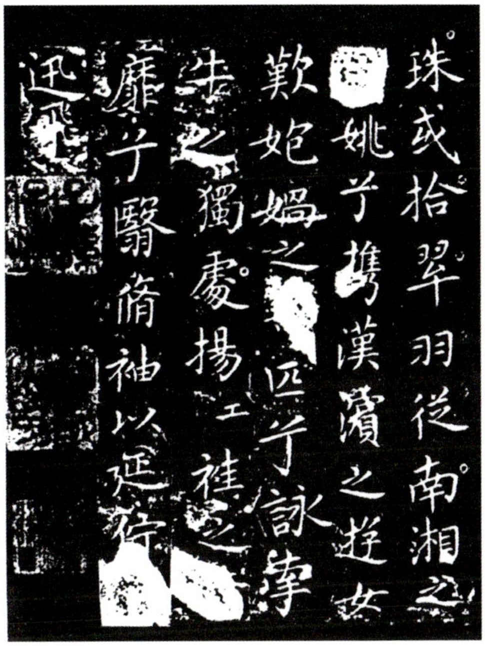

▲ 王献之书《洛神赋》

楷书在唐代确立之后，汉字的字体基本上趋向于稳定，没有太大的变化。这可能跟宋代开始盛行雕版印刷术有关。印刷术的进步，大大普及了文字，雕版印刷的字体又相对统一，在读书人心目中逐渐确立起一个书写的标准，有利于字体的稳定。我们今天的书籍，用得最多的字体，还是宋体。

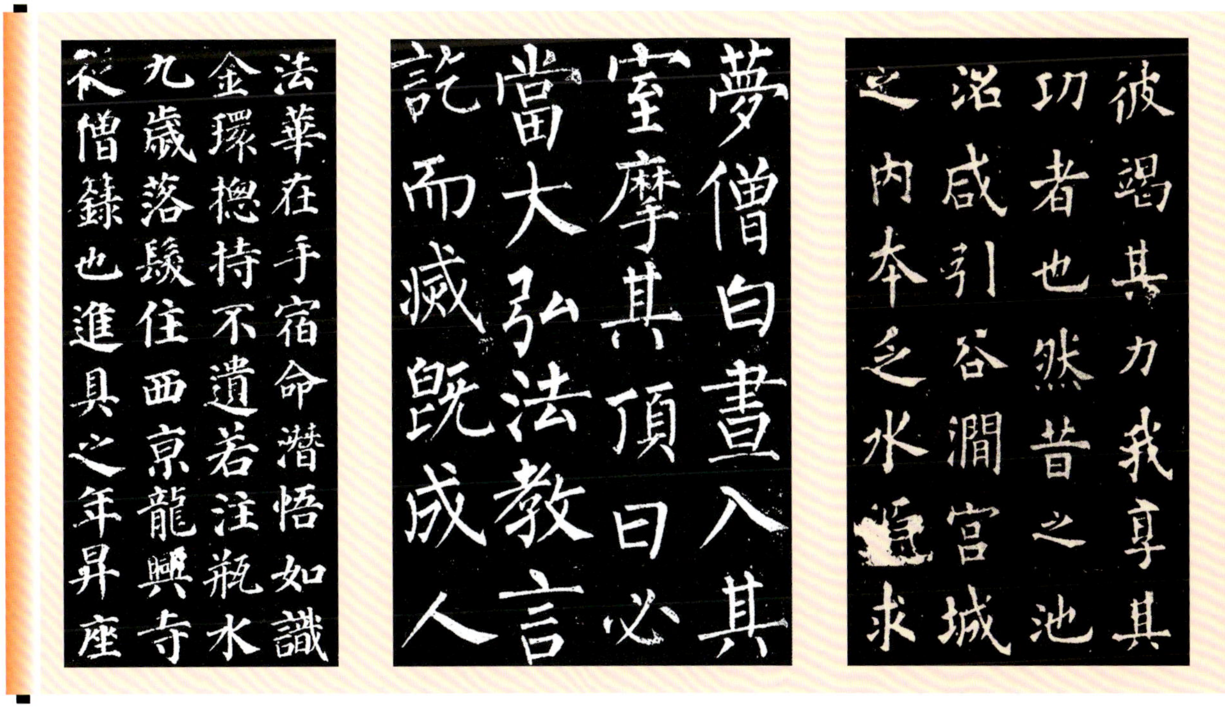

▲ 颜真卿《多宝塔碑》／柳公权《玄秘塔碑》／欧阳询《九成宫》

美丽汉字 第8章

总结

最后，我们再来回忆一下，这本书都讲了些什么呢？

汉字是我们中华民族祖先的一项伟大发明。今天我们能见到的最早的汉字是商代晚期的甲骨文，大约从公元前 14 世纪开始。

汉字演变的历史，就是不断简化的历史。汉字的历史大致可以分为两大阶段，即古文字阶段和今文字阶段。

古文字阶段从商代晚期的甲骨文开始，到秦朝的小篆，大约有 1100 多年的历史。

今文字阶段从汉代开始一直延续到现在，主要是从隶书到楷书，所以也叫隶楷阶段。其中，从战国晚期到西汉初年，是这两个阶段的过渡期，这一阶段，是隶书从篆文中演变出来、终于形成的阶段。

汉字从商代的古文字到汉代的隶书，再到今天的楷书，经历了巨大的变化。汉字演变的总趋势非常明显，概括起来，就是两句话：

第一句话，是“象形程度不断降低”。具体地说，古文字的字体特点是笔画弯曲圆转，象形程度较高，隶楷阶段的字体特点是笔画直线勾折，成为方折的方块汉字，基本上不再象形。

第二句话，是“由繁到简”。这至少包括两方面。一是文字本身的结构：笔画和偏旁不断合并、减少，书写起来也越来越省事。二是文字笔画的写法：曲线改成了直线，方块变成了轮廓，粗笔改成了细笔，书写起来也越来越简便。

1955 年，我们国家颁布了一批新的简化字，就是大家现在正在学习和使用的这批汉字。这批简化字写起来比过去的繁体字方便多了，而且很多都有历史来源，所以受到大家的欢迎。例如有无的“无”，繁体字写作“無”，写起来非常麻烦，“无”就简便多了，而且“无”这个字在古代曾经使用过，现在用它，不用创造新字，非常经济。再比如语言的“语”，繁体字写作“語”，繁体字中作偏旁的“言”字，在简体字中都变成了“讠”，写起来方便多了，而且“讠”这种写法，古代的行书和草书中就已经这样写了，现在用它，也有历史根据。有些简化字虽然被简化了，但还是没有丧失原来造字的意义，例如宝贝的“宝”，繁体字写作“寶”，“宀”表示家，下面的玉、貝都是家里的财富，缶是一种盛水的器物，是日常生活的必需品，而且在古代，缶的读音跟宝是相同的，缶也表示宝这个字的读音。所以繁体字的“寶”，表示的是家里有玉、贝、缶这些“宝贝”。简化字的“宝”，表示家里有玉这种宝贝，基本上保留了造字的意思，写起来可方便多了。

汉字是我们中华民族珍贵的文化遗产。在历史上，我们国家的经济和文化，长期处于领先地位，所以很多周围的国家也来学习和使用汉字。例如我们的邻国日本，现在还在使用汉字。

汉字对于我们中国的文化，是有着非常深刻的影响的。举个例子说，很多少年朋友都喜欢唐诗吧？唐诗常常是五个字或者七个字一句，这就跟汉字有很大关系。因为我们的汉字是方块字，一个字就是一个音节，看起来非常整齐，念起来也很有节奏，琅琅上口，富于音乐美。所以，当你念到“长风破浪会有时，直挂云帆济沧海”这样壮丽的诗句时，你可不要忘了，这里面有汉字的很大功劳呢！

参考文献

1. 裘锡圭．《文字学概要》．北京：商务印书馆，1988 年第 1 版
2. 李学勤．《古文字学初阶》．北京：中华书局，1985年第1版
3. 启功．《古代字体论稿》．北京：文物出版社，1964年第1版
4. 刘翔，陈抗，陈初生，董琨．《商周古文字读本》．北京：语文出版社，1989年第1版
5. A. C. Moorhouse, *Writing and Alphabet,* Cobbett Press, London, 1946.

美丽汉字

后 记

我在成人的世界里闯荡久了，经常被失望的情绪淹没。世露风霜，冷暖人生，很容易让我们越来越世故、冷漠，甚至残酷。成人的世界绝不美丽，然而孩子的世界却容不得污垢。我总觉得奇怪，我们这些自私又堕落的大人，怎么能够教导那些天真无邪的孩子，让他们成为善良、正直的人，对他人充满爱心呢？

大概很多人小时候，都有过缠着爸爸妈妈讲故事的经历吧。我也是这样。那种眼巴巴地期待着从大人那里得到快乐与启迪的热切心灵，每次回想起来，都让我感到一种空山新雨后扑面而来的清新，让迷失的心灵复归宁静。我想，也许我们真正传递给孩子们的，从来就不是成人的思想，而是我们孩提时代的记忆。不是我们在教育孩子，而是孩子唤醒了我们的记忆。

2011年12月9日，我的女儿出生了。她就像太阳，照亮我的人生。可我这百无一用的书生，又能够为她做点什么呢？我想，如果我能写很多很多故事，编很多很多书，一路伴随她成长，那是多么幸福的事！她坐在我身边，双手托腮，睁大眼睛，侧耳倾听我的故事。我将给她讲些什么样的故事呢？也许是神听到了我内心的声音，不久，真的有北京大学出版社的高秀芹和于铁红两位先生来跟我约稿，让我写一本给少年朋友看的《美丽汉字》。我没有多想，就答应了下来。

我对古代汉字有兴趣，是在北大上学时，受了著名古文字学家裘锡圭先生的影响。我上他的课，读他的书，从此走上古典语文学和思想史研究的道路。我写这本小书，取材于裘先生的《文字学概要》一书独多，限于本书的性质，没有在书中一一注明，这是需要特别交代和表示感谢的。还要感谢我的硕士生倪木兰同学帮我处理了书中的插图，以及李锤先生精彩的插画。另外，编辑于铁红先生为了把这本书做成一本“最美丽的书”，所付出的辛苦远远超越了普通编辑的工作，很希望将来有机会能够向有心的朋友们细说。

徐　刚

2013年4月9日书于客旅

《美丽中国》系列

美丽书法

ISBN 978-7-301-23391-7

定价：58.00元

美丽建筑

ISBN 978-7-301-23393-1

定价：58.00元

美丽风光

ISBN 978-7-301-23394-8

定价：58.00元

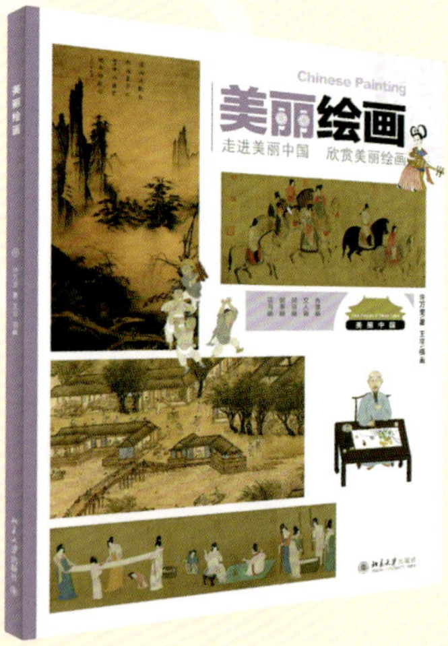

美丽绘画

ISBN 978-7-301-23392-4

定价：55.00元

更多精彩

更多期待……

图书在版编目（CIP）数据

美丽汉字 / 徐刚编著. — 北京 : 北京大学出版社, 2014.4（2020.7 重印）
（美丽中国）
ISBN 978-7-301-23390-0
Ⅰ. ①美… Ⅱ. ①徐… Ⅲ. ①汉字－汉语史－青年读物②汉字－汉语史－少年读物 Ⅳ. ①H12-49

中国版本图书馆CIP数据核字(2013)第254313号

书　　名：美丽汉字
著作责任者：徐刚 编著
出 版 统 筹：高秀芹
丛 书 策 划：于铁红
责 任 编 辑：于铁红
装 帧 设 计：付佳　蔡琪
内 文 制 作：赵茗　李俊红
标 准 书 号：ISBN 978-7-301-23390-0/H · 3412
出 版 发 行：北京大学出版社
地　　址：北京市海淀区成府路 205 号　100871
网　　址：http://www.pup.cn　新浪官方微博：@ 北京大学出版社
电 子 信 箱：pw@pup.pku.edu.cn
电　　话：邮购部 62752015　发行部 62750672　编辑部 62750112　出版部 62754962
印　刷　者：北京天恒嘉业印刷有限公司
经　销　者：新华书店
889 毫米 × 1194 毫米　16 开本　4.25 印张　35 千字
2014 年 4 月第 1 版　2020 年 7 月第 2 次印刷
定　　价：52.00 元

徐刚，北京大学中文系副教授，研究中国古代语言文字和传统思想文化。

中国畲乡

景宁年鉴

JINGNING YEARBOOK

2020

景宁畲族自治县地方志编纂委员会 编

方志出版社
Publishing House of Local Records

图书在版编目（CIP）数据

景宁年鉴. 2020 / 景宁畲族自治县地方志编纂委员会编. -- 北京：方志出版社，2020.12
ISBN 978-7-5144-4402-5

Ⅰ. ①景… Ⅱ. ①景… Ⅲ. ①景宁畲族自治县-2020-年鉴 Ⅳ. ①Z525.54

中国版本图书馆 CIP 数据核字（2020）第 247142 号

景宁年鉴（2020）

编　　者：景宁畲族自治县地方志编纂委员会
责任编辑：刘方圆

出 版 者：方志出版社
地址　北京市朝阳区潘家园东里 9 号（国家方志馆 4 层）
邮编　100021
网址　http://www.fzph.org
发　　行：方志出版社图书经销中心
电话（010）67110500
经　　销：各地新华书店
印　　刷：浙江遂昌印业有限责任公司

开　　本：889 × 1194　　1/16
印　　张：31
字　　数：784 千字
版　　次：2020 年 12 月第 1 版　2020 年 12 月第 1 次印刷
印　　数：0001~1000 册

ISBN 978-7-5144-4402-5　　定价：150.00 元

景宁畲族自治县地方志编纂委员会

《景宁年鉴》编辑部

编辑说明
EXPLAIN

一、《景宁年鉴（2020）》以马克思列宁主义、毛泽东思想、邓小平理论、“三个代表”重要思想、科学发展观、习近平新时代中国特色社会主义思想为指导，坚持辩证唯物主义和历史唯物主义的立场、观点和方法，旨在客观、全面、翔实地记述景宁畲族自治县2019年政治、经济、文化、生态、社会等诸多方面的发展状况，总结2019年景宁发生的大事、要事、新事及面临的新问题、新情况，记载了取得的新成就、新进展、新经验，反映景宁各条战线的风貌，为各级党政机关、有关部门和社会各界认识及中外投资者了解景宁提供信息资料。

二、本卷年鉴为中篇结构，由类目、分目、条目组成，部分分目增设次分目，全书有类目31个。卷首设特载、专辑、大事记、县情概况；百科设中国共产党景宁畲族自治县委员会、景宁畲族自治县人民代表大会、景宁畲族自治县人民政府、中国人民政治协商会议景宁畲族自治县委员会、中国共产党景宁畲族自治县纪律检查委员会·景宁畲族自治县监察委员会、民主党派·社会团体、机构编制·人力资源和社会保障、法治、军事、农业·农村·气象、水利·电力、自然资源·环境保护、工业经济、商贸业、交通、邮政·通信、住房和城乡建设、旅游、税务·财政、金融·住房公积金、经济管理、教育、科学技术、文化、卫生·体育、社会生活、乡镇·街道；卷末设附录。

三、内文中未标明党派的“省委”“市委”“县委”分别为“中共浙江省委”“中共丽水市委”“中共景宁畲族自治县委”；“党员”均为“中共党员”；“党建”工作均为“中国共产党建设”工作；凡未冠以行政区划专名的省、市、县分别指浙江省、丽水市、景宁畲族自治县。

四、所载信息资料由县直单位、各乡镇（街道）及国家、省、市驻景宁企事业单位提供，插图由撰稿单位提供，主要数据以县统计局公布数据为准。